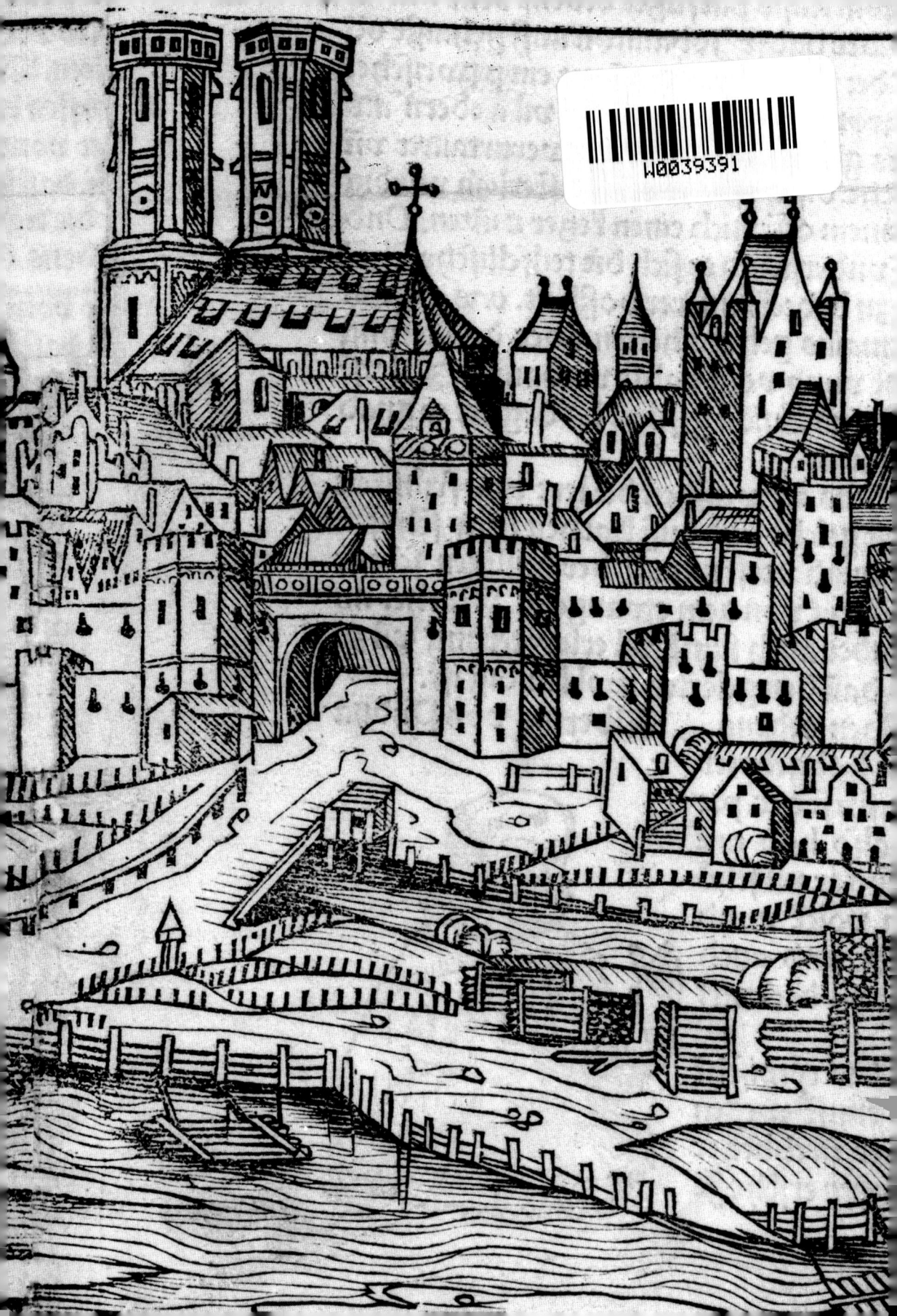

Der Dom
Zu Unserer
Lieben Frau
in München

herausgegeben von Peter Pfister

SCHNELL + STEINER

Vordere Umschlagseite:
Die Frauenkirche von Westen

Rückwärtige Umschlagseite:
Kapelle 16, Kapelle Mariä Opferung:
Drei-Königs-Fenster, um 1430 (Zeile 3–7),
im Speculum-Fenster

Vorsatz:
Die Münchener Frauenkirche noch ohne
„welsche Hauben", Hartmann Schedel,
Weltchronik, Nürnberg 1493

Nachsatz:
Plan der Frauenkirche

Bildnachweis:
Archiv des Erzbistums München und
Freising, Fotograf: Michael Volpert: S.4.
Erzbischöfl. Ordinariat München, Kunst-
referat, Fotograf: Achim Bunz: S. 6, 24–25,
31, 43, 89, 91.
Erzbischöfl. Ordinariat München, Kunst-
referat, Fotograf: Wolf-Christian von der
Mülbe †: Vordere Umschlagseite,
S. 7–8,11, 12, 13, 15, 16, 19, 21, 22, 26,
27, 28, 29, 30, 32–33, 34, 35, 36, 37,
38–39, 40, 41, 42, 45, 46, 47, 49,
50–51, 53, 54, 55, 56, 57, 59, 61, 63, 64,
68, 72, 76, 78, 79, 81, 83, 84, 85, 86, 88,
93, rückwärtige Umschlagseite.
Erzbischöfl. Ordinariat München, Presse-
stelle, Fotograf: Thomas Klinger: S. 67, 70.
Erzbischöfl. Ordinariat München, Past.
Planungsstelle, Felix Halbgewachs:
S. 87, Nachsatz.
Osservatore Romano, Rom, S.74, 75.

Bibliografische
Informationen der
Deutschen Bibliothek.
Die Deutsche Bibliothek
verzeichnet diese
Publikation in der
Deutschen
Nationalbibliografie;
detaillierte
bibliografische Daten
sind im Internet über
http://dnb.ddb.de
abrufbar.

1. Auflage 2008
ISBN: 978-3-7954-2031-4
Diese Veröffentlichung bildet Band 235
in der Reihe „Große Kunstführer" unseres
Verlages. Begründet von Dr. Hugo Schnell †
und Dr. Johannes Steiner †.

© 2008 Verlag Schnell & Steiner GmbH,
Leibnizstraße 13, D-93055 Regensburg
Telefon: (09 41) 7 87 85-0
Telefax: (09 41) 7 87 85-16
Druck: Erhardi Druck GmbH, Regensburg

Weitere Informationen zum
Verlagsprogramm erhalten Sie unter:
www.schnell-und-steiner.de

Inhalt

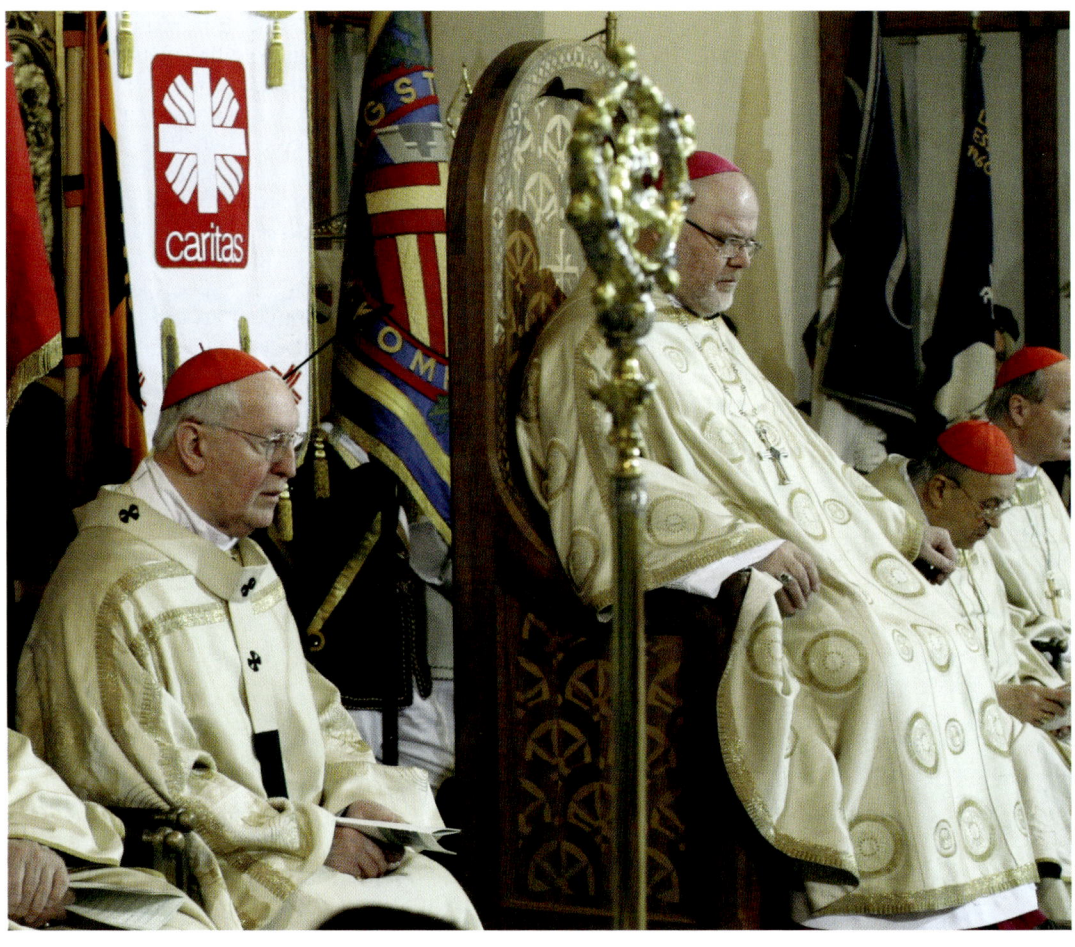

Amtseinführung des neuen Erzbischofs Dr. Reinhard Marx am 2. Februar 2008; Friedrich Kardinal Wetter (links),
Erzbischof Dr. Reinhard Marx (auf der Kathedra), Karl Kardinal Lehmann (rechts).

Geleitwort des Erzbischofs

Die Münchener Frauenkirche hatte in ihrer langen Geschichte mehrere Funktionen. Ursprünglich eine von drei Pfarrkirchen der Stadt, entwickelte sie sich zur landesherrlichen Grablege und nahezu zur Hofkirche. 1495 wurde sie zudem Sitz eines Kollegiatstifts, das bis 1802 bestand. Seit 1821 ist sie – neben ihrer fortdauernden Stellung als Pfarrkirche – die Kathedrale der Erzbischöfe von München und Freising.

Die Kathedra, der bischöfliche Lehrstuhl, ist das Kennzeichen der Bischofskirche. Von ihr aus leitet der Bischof den Gottesdienst und unterweist die Gläubigen. Mit dem Platznehmen auf der Kathedra übernimmt ein neuer Bischof nach dem Kirchenrecht die Leitung der ihm anvertrauten Diözese. Zwölf Erzbischöfe von München und Freising haben in den vergangenen 187 Jahren in ihrem Dom Gottesdienst gefeiert und die Botschaft Jesu jeweils in ihre Zeit hinein verkündet. Die meisten von ihnen sind in der Domkrypta bestattet. Eindrucksvolle Denkmäler und die Wappen an der Außenseite des Chorgestühls erinnern an sie.

Erzbischof Joseph Kardinal Ratzinger, unser jetziger Heiliger Vater Papst Benedikt XVI., empfing in der Frauenkirche am Pfingstsamstag 1977 die Bischofsweihe. Hier nahm er im Februar 1982 Abschied von der Erzdiözese, um fortan in Rom zu wirken. Am 10. September 2006 hat er als Papst seine frühere Kathedrale wieder besucht und hier Gottesdienst gefeiert. Mein Amtsvorgänger Erzbischof Friedrich Kardinal Wetter hat – zusammen mit dem Metropolitankapitel – dem Dom mit der großen Renovierung von 1991–1994 seine heutige Gestalt gegeben, in der sich Tradition und Moderne verbinden.

Am Fest der Darstellung des Herrn, dem Lichtmesstag 2008, durfte ich aus der Hand von Kardinal Wetter den Bischofsstab des heiligen Korbinian entgegennehmen und auf der Kathedra der Erzbischöfe von München und Freising Platz nehmen.

So heiße ich alle Besucher in meiner Kathedrale herzlich willkommen. Wenn wir uns hier zum Gottesdienst versammeln, bilden wir gemeinsam als „lebendige Steine" die Kirche, die unser Herr Jesus Christus gewollt hat.

München, am Pfingstfest, dem 11. Mai 2008

Dr. Reinhard Marx
Erzbischof von München und Freising

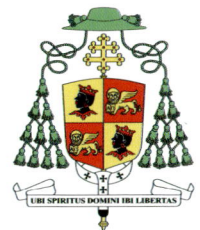

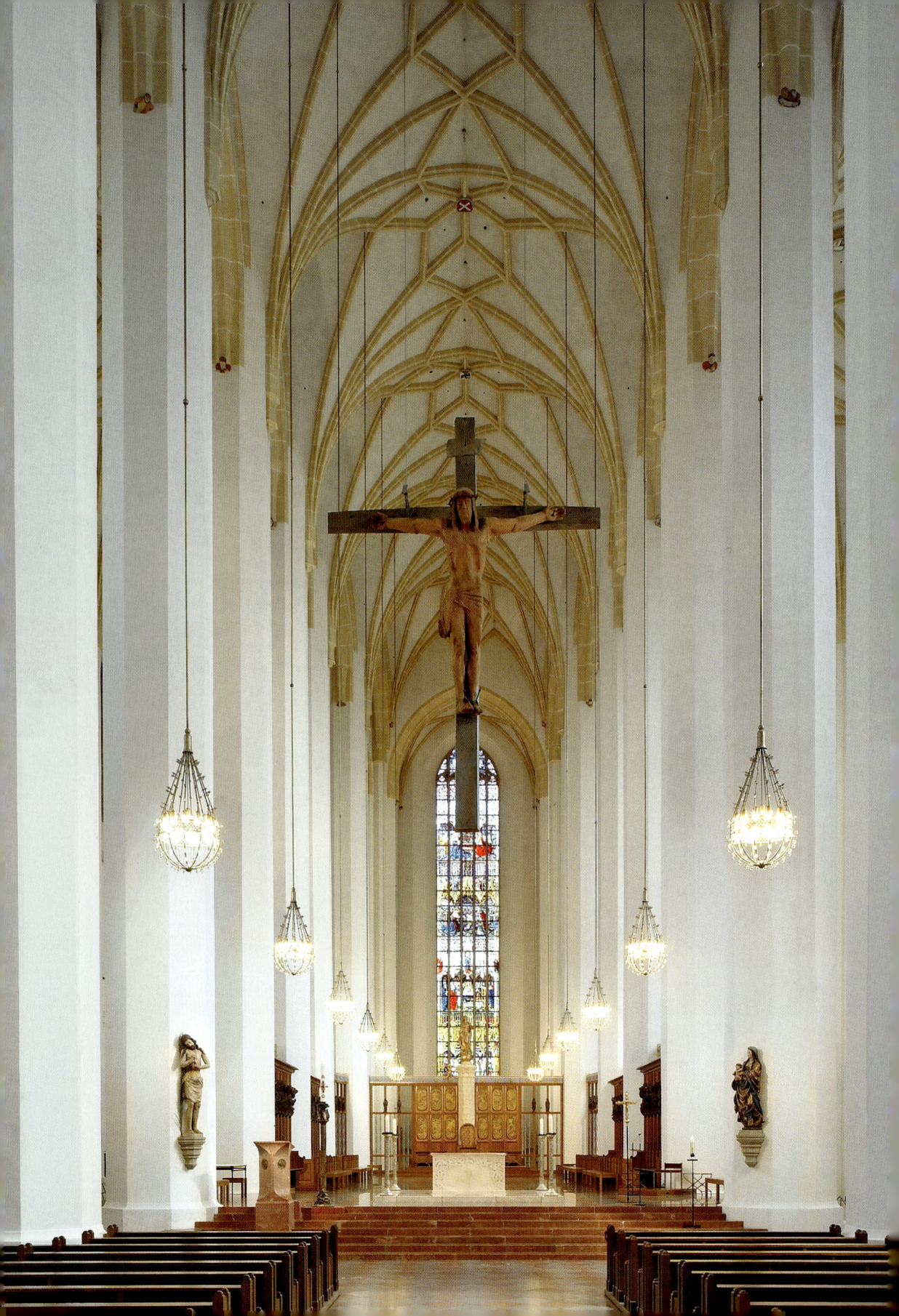

Grußwort des Metropolitankapitels

Zusammen mit dem jeweiligen Erzbischof trägt das Metropolitankapitel München die Verantwortung für den Erhalt des Münchener Doms und die würdige Feier der Gottesdienste.

Die Frauenkirche ist Eigentum der Metropolitan- und Pfarrkirchenstiftung Zu Unserer Lieben Frau, die vom Erzbischof und vom Kapitel gemeinsam verwaltet und vom Domdekan vertreten wird. Ihr obliegt sowohl der Bauunterhalt als auch die Sorge um die angemessene Ausstattung des Doms. Ohne die Unterstützung des Freistaats Bayern und die Spenden der Dombesucher wäre dies nur schwer zu leisten.

Auch ein noch so kunstvolles Kirchengebäude ist jedoch nicht Selbstzweck, sondern vor allem eine Voraussetzung für die Versammlung der Gläubigen zum Gottesdienst. So sind die vornehmsten Aufgaben des Kapitels das regelmäßige Chorgebet und die Teilnahme an den vom Erzbischof zelebrierten Gottesdiensten. Die zwölf Mitglieder des Metropolitankapitels und die sechs Domvikare haben hierbei ihre festen Plätze im 1994 neu gestalteten Chorgestühl des Doms. An einer Reihe von Festtagen des Kirchenjahres stehen der Dompropst beziehungsweise der Domdekan der Messfeier vor.

Mit besonderer Feierlichkeit werden im Dom natürlich die Feste der Kirchenpatronin, der Gottesmutter Maria, begangen. Das Hochfest der ohne Erbsünde empfangenen Jungfrau und Gottesmutter Maria am 8. Dezember ist das Patroziniumsfest des Doms. Sein Weihetag wird alljährlich am 14. April gefeiert. Seit 1580 birgt die Frauenkirche auch die Reliquien des bayerischen Landes- und Münchener Stadtpatrons, des heiligen Bischofs Benno von Meißen. Sein Gedenktag, der 16. Juni, ist in der Stadt München ein Hochfest.

Ob zu den Gottesdiensten oder als Touristen kommen tagtäglich zahllose Menschen in die Frauenkirche. Sie alle begegnen einem Gebäude und vielfältigen Kunstwerken, die von der Glaubensgeschichte dieser Stadt künden wollen. Um ihre Aussagen richtig zu verstehen, bedarf es einer kundigen Anleitung. Das Metropolitankapitel als Auftraggeber dankt deshalb dem Herausgeber und allen Autoren dieses Führers, dass sie diese „Übersetzer-Aufgabe" übernommen haben. Sie ist heute wichtiger denn je.

Möge den Lesern und Betrachtern im Spiegel der Kunst etwas aufleuchten vom Glanz der christlichen Botschaft!

München, am Pfingstmontag, dem 12. Mai 2008

Weihbischof Engelbert Siebler
Dompropst

Prälat Dr. Lorenz Wolf
Domdekan

Seite 6:
Blick in den Chorraum mit Kreuz von Josef Henselmann

Seite 8/9:
Blick auf die Frauenkirche und das Rathaus am Marienplatz, von St. Peter aus gesehen

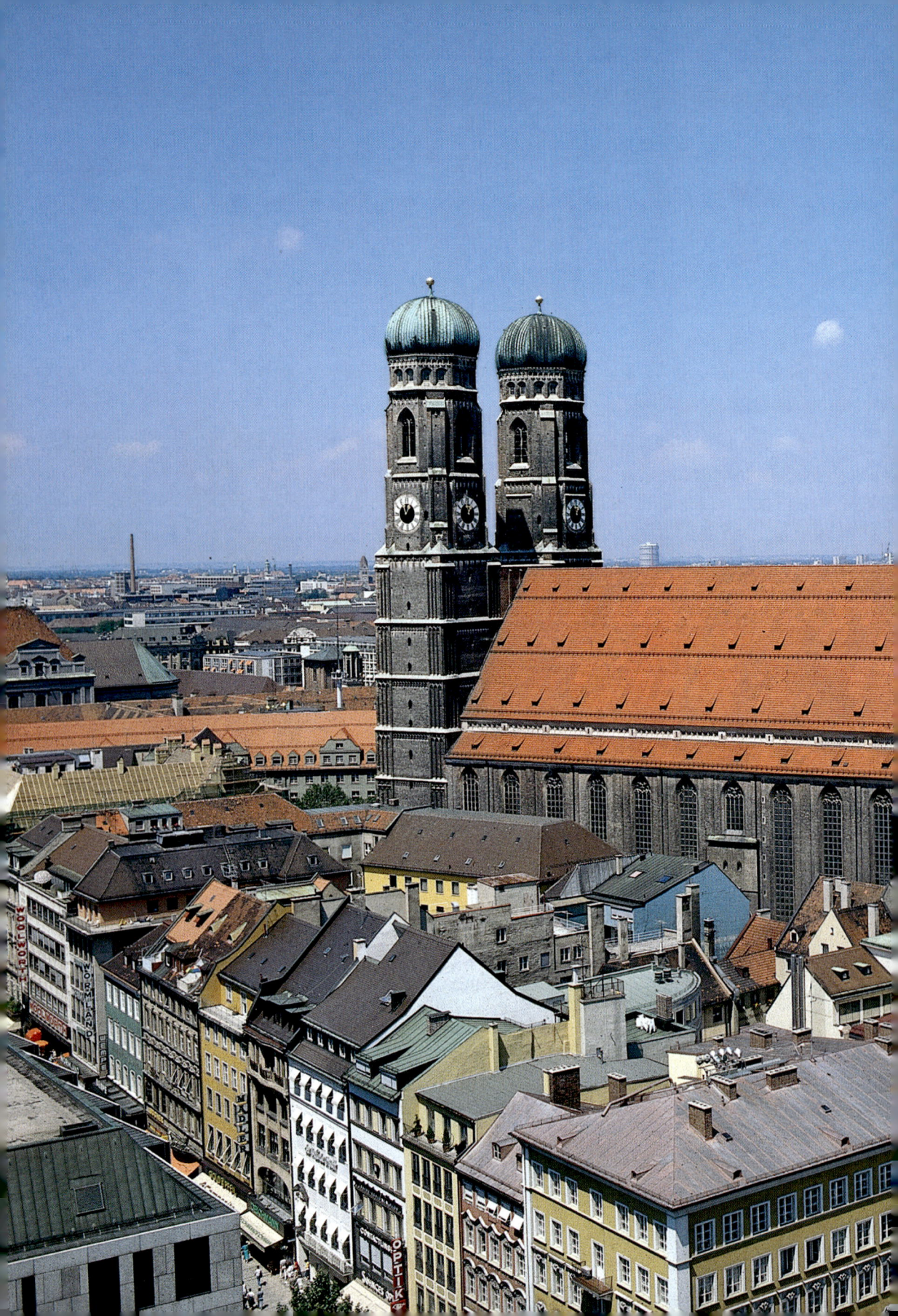

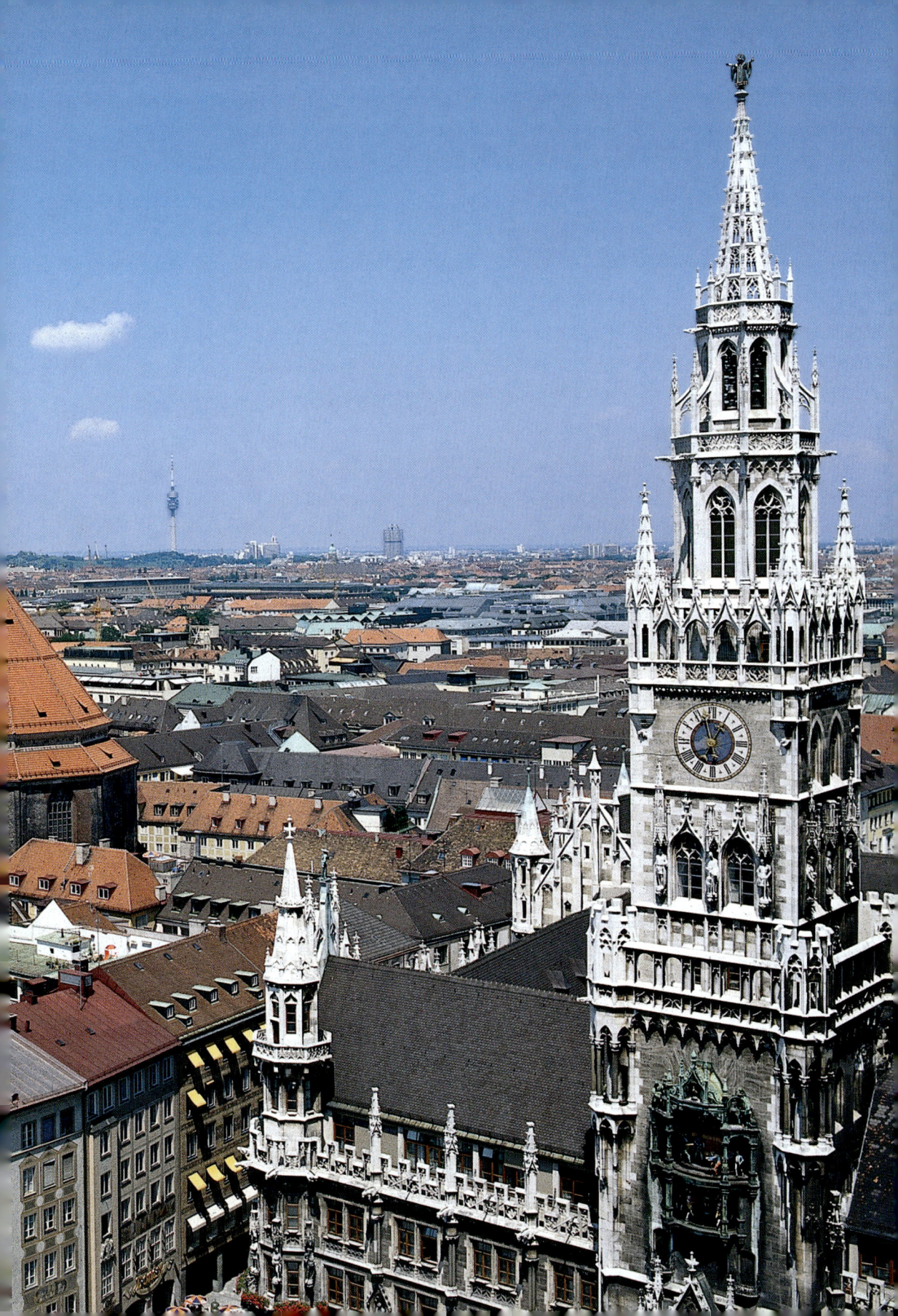

Ein Blick in die Kirchengeschichte

◼ Die drei Münchener Pfarreien St. Peter, Zu Unserer Lieben Frau und Hl. Geist

Im Jahr 1158 zerstörte Heinrich der Löwe, Herzog von Sachsen und Bayern, die zollpflichtige Brücke über die Isar bei Oberföhring, die dem Bischof von Freising gehörte, und verlegte den wichtigen Übergang flussaufwärts auf herzogliches Gebiet, in die Nähe der kleinen Siedlung „Munichen". Dorthin übertrug er auch Münzstätte und Marktrecht. Bischof Albert I. von Freising konnte auf dem Hoftag zu Regensburg am 13. Juli 1180 die Wiederherstellung der alten bischöflichen Rechte erlangen. Der neu gegründete Markt kam dadurch für einige Zeit wieder unter bischöfliche Herrschaft. Als erste Kirche wurde St. Peter gebaut und erhielt das Pfarrrecht für die Siedlung. Doch schon 1240 verlor Bischof Konrad I. nach jahrelangem Streit mit Herzog Otto II. die Herrschaft über München. Die Wittelsbacher richteten sich in ihrer neuen Stadt ein; München wurde Residenzstadt mit einer herzoglichen Hofhaltung im Alten Hof.

Bald danach entstand in der nördlichen Stadthälfte, wahrscheinlich anstelle eines großen Speicherbaus, eine Marienkirche. Man kann davon ausgehen, dass die Wittelsbacher mit dem Bau der Frauenkirche ihren Herrschaftsanspruch in der Stadt gegenüber der vorherigen bischöflichen Stadtherrschaft ausbauen und herausstellen wollten. Das rasche Anwachsen der Bevölkerung machte eine Teilung des Pfarrgebiets von St. Peter und die Errichtung einer zweiten Pfarrei notwendig. Bischof Konrad II. von Freising errichtete mit Urkunde vom 24.

November 1271 (bestätigt durch Gregor X. am 29. April 1273) zusätzlich zur Pfarrei St. Peter, die für die südliche Hälfte der Stadt zuständig blieb, die Pfarrei Zu Unserer Lieben Frau im nördlichen Teil der Stadt. Zugleich wurde das Gebiet um das Heilig-Geist-Spital zu einer dritten Pfarrei erhoben. Jede Pfarrei sollte einen Pfarrer, zwei Gesellpriester und einen Knabenlehrer erhalten. St. Peter blieb Sitz des für die Stadt und das Umland zuständigen Dekans. Die beiden großen Pfarreien St. Peter und Zu Unserer Lieben Frau, dazu die kleine Spital-Pfarrei Hl. Geist – dies blieb die pfarrrechtliche Struktur Münchens bis ins 19. Jahrhundert.

◼ Stiftungen, Bruderschaften, Zünfte

Im Mittelalter drückte sich religiöses Leben durch die Teilnahme an den Gottesdiensten und die Mitfeier des Kirchenjahres und des frommen Brauchtums aus. Ein Aufblühen der liturgischen Volksfrömmigkeit kennzeichnet das Spätmittelalter gerade auch in München. Die bürgerlichen und adeligen Geschlechter der Stadt wetteiferten darin, „pro remedio animae" (um des Seelenheiles willen) Kirchen und Kapellen mit Altären auszustatten, Messen, Jahrtage, Prozessionen und Ewige Lichter sowie Almosenspenden zu stiften und Seelhäuser zu gründen. Mit diesen Stiftungen waren Schenkungen und Grundbesitzdotationen verbunden. Die meisten der Münchener Rats- und großen Bürgergeschlechter hatten in St. Peter und in der Marienkirche ihren Altar, ihren Messkaplan und ihre „Ewige Messe", bepfründet mit Ewiggeldern und Liegenschaften in München und in den umliegenden

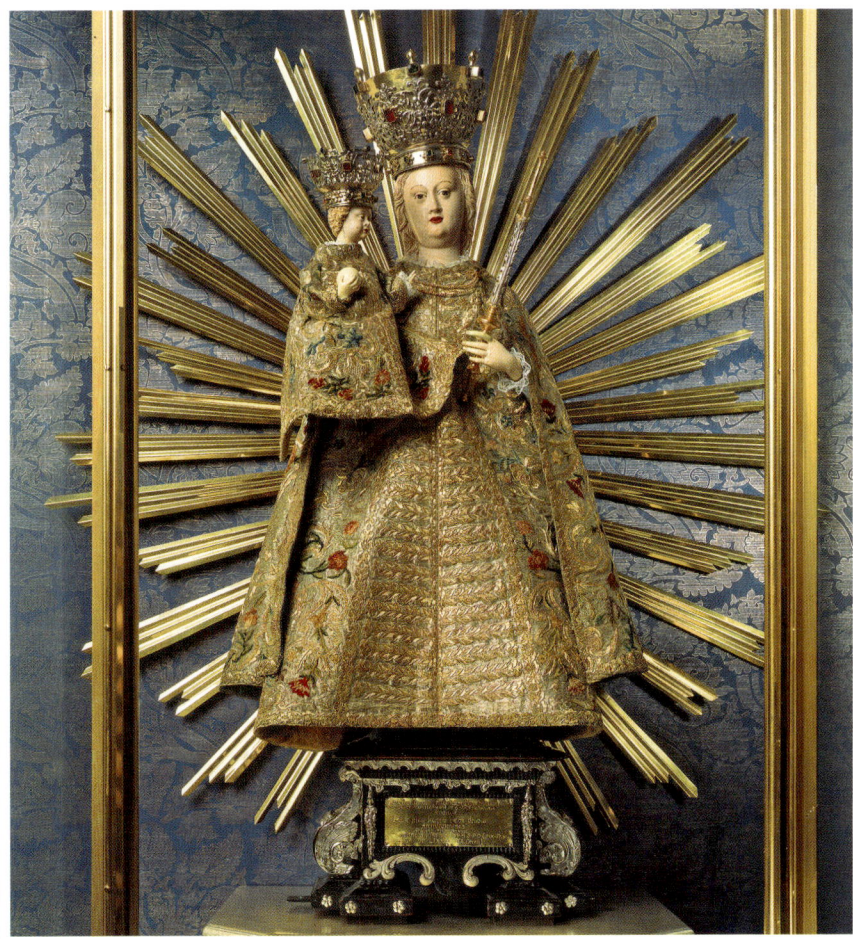

Landgerichten. Zur Frömmigkeitsge-
schichte Münchens gehörten auch die
Zünfte und Bruderschaften, die vom
14. Jahrhundert an entstanden. Die
mit den Wappen der Stifter gekenn-
zeichneten Glasfenster, Altäre und
Grabsteine zeugen noch heute davon.

■ Der spätgotische Neubau der Frauen-kirche 1468–1488

Die spätromanische Frauenkirche,
eine dreischiffige Basilika mit Doppel-
turmfront, wurde zu Anfang des 14.
Jahrhunderts um einen größeren
Chorbau erweitert. In der Mitte des

15. Jahrhunderts bemühten sich der
Pfarrer, die Kirchpröpste, die Münchener Bürgerschaft und vor allem
der Herzog um einen Neubau dieser
mittlerweile schadhaft und zu klein
gewordenen Kirche. Auch das Selbst-
bewusstsein der aufblühenden Residenzstadt München sollte im Neubau
der Frauenkirche ihren Ausdruck finden, waren doch die anderen Resi-
denzstädte Ingolstadt, Straubing,
Landshut und Burghausen längst mit
stattlichen spätgotischen Kirchenbau-
ten vorangegangen. Am 9. Februar
1468 legte der Freisinger Bischof Johann Tulbeck den ersten Stein zum
Neubau, assistiert von Herzog Sigmund von Bayern.
Jörg von Halspach trat in diesem Jahr
als Stadtmaurermeister in den Dienst

11

Bildnisse des
Baumeisters Jörg
von Halspach (links)
und des Zimmer-
meisters Heinrich von
Straubing (rechts)

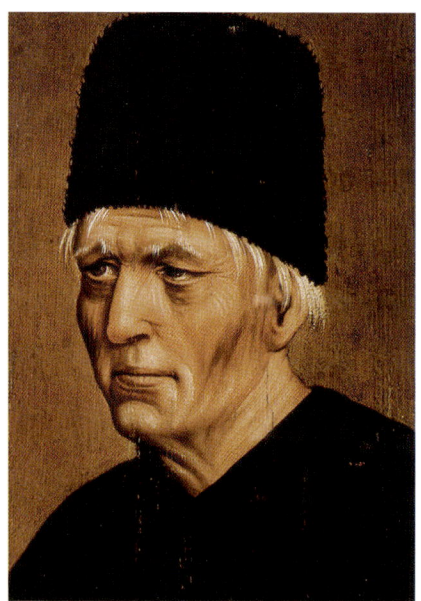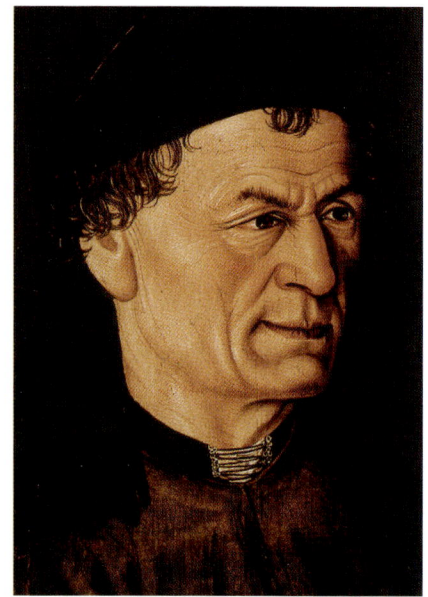

der Stadt und wurde zum verantwort-
lichen Leiter des Neubaus bestellt.
Durch die Planung und den Bau der
Frauenkirche wurde Meister Jörg bekannt und erhielt weitere prominente
Aufträge: 1481–1483 wölbte er den
Freisinger Dom ein. In München baute
er das alte Rathaus, die neue Veste
des Herzogs, die Friedhofskirchen
Allerheiligen auf dem Kreuz und St.
Salvator sowie die Blutenburg. Er
starb am 6. Oktober 1488, wie es die
Grabtafel an der inneren südlichen
Turmwand der Frauenkirche vermel-
det.
1477/1478 zimmerte Meister Heinrich
aus Straubing den gewaltigen Dach-
stuhl für die Frauenkirche. 1488 war
der Bau vollendet, die Türme bis auf
die Abschlüsse aufgeführt. Die Turm-
bekrönung sollte noch bis 1525 auf
sich warten lassen. Die Frauenkirche
wurde als einziges Bauwerk in dieser Größenordnung in nur 20 Jahren
fertig gestellt. Bei der überlieferten
Einweihung am 14. April 1494 han-
delte es sich wohl nur um eine letzte
Konsekration der Kirche. Man hatte
wahrscheinlich schon zuvor jede fertig gewordene Kapelle gleich geweiht, um dort zelebrieren zu können,

wie dies für den Katharinenaltar bereits 1471 urkundlich belegt ist.
Raumgefühl und Ausstattung der Kirche waren weniger auf die zum Gottesdienst versammelte Gemeinde aus-
gerichtet als auf den einzelnen Beter.
Private oder ständische Messformen
drängten den Gemeinschaftsgottes-
dienst mehr und mehr zurück. Die
Vielzahl der Kapellen und Nebenal-
täre, die vielen Messstiftungen und
Benefizien in der Kirche spiegeln den
Anspruch jeder Patrizierfamilie, jeder
Bruderschaft und jeder Handwerks-
zunft, ihren eigenen Gottesdienst zu
haben. Gebet und fromme Betrachtung des Einzelnen richteten sich auf
Bilder Christi als Schmerzensmann
(allein fünfmal in der Frauenkirche),
die Angst Jesu am Ölberg (dreimal in
der Frauenkirche) und das Vesperbild.

◼ Das Kollegiatstift
Zu Unserer Lieben Frau

Herzog Albrecht IV. betrieb den Ausbau Münchens zur Residenzstadt und
zum künftigen landeskirchlichen Zentrum mit allen ihm zur Verfügung ste-

henden Mitteln. Da er Rat und Gutachten für seine Regierungsgeschäfte brauchte, sammelte er gelehrte Geistliche um sich, die ihn in der Ordnung der kirchlichen Angelegenheiten seines Landes unterstützten. Ihrem Unterhalt sollten die Stellen eines an der Frauenkirche zu errichtenden Kollegiatstifts dienen. Dazu kam der Beweggrund, an der neu erbauten Kirche einen zahlreichen Klerus anzusiedeln. Obendrein sollte die Kirche mit dem wittelsbachischen Erbbegräbnis und dem Grab Kaiser Ludwigs des Bayern in ihrem Rang erhöht werden.

Um eine ausreichende Dotation für das neue Kollegiatstift zu erreichen und zusätzliche finanzielle Ausgaben zu vermeiden, trat Albrecht IV. an den Papst mit der Bitte um Überführung von bereits bestehenden kleineren Stiften nach München heran. Alle Proteste des Freisinger Bischofs waren vergebens. Die Kollegiatstifte Ilmmünster und Schliersee wurden im März 1495 nach München verlegt. Das neue Kollegiatstift Zu Unserer Lieben Frau war mit 14 Kanonikerstellen ausgestattet, eingeschlossen Propst, Dekan und Pfarrer der Frauenkirche. Die Ernennung stand dem Landesherrn zu, doch sollten immer fünf Adelige, fünf Doktoren oder Lizenziaten der Theologie und vier Bürgerliche aus wappenfähigen städtischen Patrizierfamilien den Bestand des Kapitels bilden. Das Stift gehörte den Landständen an. Es hatte die unbeschränkte Jurisdiktion über seine Stiftsgeistlichen und war vom Scharwerksdienst befreit.

Als im Jahr 1576 die Gebeine des hl. Benno aus dem protestantisch gewordenen Sachsen nach München gebracht wurden, wertete Herzog Albrecht V. diese „Rettung" als Sieg im Glaubenskampf und Triumph des Hauses Wittelsbach. 1580 wurden die Reliquien in die Frauenkirche übertragen, und man rief den hl. Benno von den Kanzeln als Schutzpatron der Stadt München und des Landes Bayern aus. Damit war auch eine Änderung im Verständnis der Frauenkirche

verbunden. Die Pfarr- und Stiftskirche wandelte sich immer mehr zur Hofkirche. Die Benno-Wallfahrt wurde im Verlauf des 17. Jahrhunderts zu einer Volkswallfahrt des gesamten altbayerischen Raums, deren Administration in Händen des Kollegiatstifts lag.

1584 wurde festgelegt, dass der Propst und der Dekan sowie einige vom Herzog ausgewählte Chorherren des Stiftes und auch der Dekan von München St. Peter dem herzoglichen Geistlichen Rat, der zentralen Behörde für kirchliche Angelegenheiten, angehören sollten. Die Stiftspropstei war mit dem Ratspräsidium verknüpft. Der Dekan des Stifts hatte die Vertretung des Präsidenten. Seit der Regierung Herzog Maximilians I. lag die Leitung des Geistlichen Rats beim Stiftsdekan als

Grabstein von Jörg von Halspach 1488

dessen Direktor. Aufgabenbereiche der Behörde waren die Besetzung von Kirchenämtern, die Erstellung eines geistlichen Lehenbuches, die Vergabe des landesherrlichen Tischtitels, die Aufsicht über die Klöster und über die Vermögensverwaltung von Kirchen und Klöstern sowie die Wahrung des katholischen Glaubens. Sämtliche Bücher mit geistlichem Inhalt unterlagen ihrer Zensur.

Der Stiftspropst hatte bereits seit 28. April 1595 das Recht, die Pontifikalien (Stab und Mitra) zu gebrauchen. Seit 1739 konnte sich ihrer auch der Dekan, der häufig in Vertretung des Propstes liturgisch tätig war, bedienen. Die Residenzpflicht der Chorherren war seit 1770 von zehn auf neun Monate im Jahr ermäßigt.

1783 wurde das Kollegiatstift vollends zum Hofstift umgewandelt. Im Hinblick auf seine Absicht, in München ein Hofbistum zu errichten, vereinigte Kurfürst Karl Theodor in einem ersten Schritt das Kollegiatstift Zu Unserer Lieben Frau mit der kurfürstlichen Hofkapelle. Dies war finanziell möglich geworden durch die Aufhebung des Augustiner-Chorherrenstifts Indersdorf. So bestanden im Kollegiatstift ab 1783 zwei Gremien: das ältere, gebildet durch die vorhandenen zehn Münchener Chorherrn mit dem Propst und dem Dekan an der Spitze, und das jüngere, bestehend aus sechs Kanonikern, der Geistlichkeit an der kurfürstlichen Hofkapelle und den Hofkaplänen sowie einem Vizepropst und einem Vizedekan. Das Besetzungsrecht für beide Gremien lag weiterhin beim Kurfürsten. Propst des Stiftes konnte ab 1787 nur noch ein priesterliches Mitglied des bayerischen Ritterordens vom Hl. Georg werden.

Dem Sturm der Säkularisation fiel 1802/03 auch das Chorstift Zu Unserer Lieben Frau zum Opfer. Aus der Stiftskirche wurde wieder eine Pfarrkirche, der letzte Stiftspfarrer Josef Darchinger amtierte weiter als einfacher Stadtpfarrer. Doch dieser Zustand währte nicht lange.

Die Frauenkirche als Kathedrale des Erzbischofs von München und Freising

Am 5. November 1821 zog Lothar Anselm Freiherr von Gebsattel als Erzbischof in feierlicher Prozession in die Frauenkirche ein. München war Sitz der neu gebildeten Erzdiözese München und Freising, die Frauenkirche war erzbischöfliche Kathedrale geworden. Die Verlegung des seit 1803 verwaisten Bischofssitzes von Freising nach München unter gleichzeitiger Erhebung zum Erzstuhl hatte schon das 1817 zwischen Papst Pius VII. und König Max I. Joseph von Bayern geschlossene Konkordat ausgesprochen, doch hatten kirchenpolitische Auseinandersetzungen über Auslegung und Geltung des Konkordats die Amtsübernahme durch den bereits 1818 vom König ernannten und vom Papst bestätigten ersten Erzbischof verzögert. 1821 war endlich ein von den Landesherren über Jahrhunderte verfolgtes Ziel erreicht: Die Frauenkirche war Bischofskirche und damit geistliches Zentrum für den ganzen Südosten Bayerns. In ihr steht seither die Kathedra des Erzbischofs.

Die Kathedra ist seit alters der Sitz des Bischofs. Der Stuhl selbst und das Sitzen darauf haben symbolische Bedeutung. Nur der Ortsbischof darf darauf Platz nehmen. Die Kathedra ist der Inbegriff der apostolischen Nachfolge. Der Erzbischof ist zuständig in allen geistlichen und zeitlichen Angelegenheiten seines Bistums. Seine Aufgaben sind die des Priester-, Lehr- und Hirtenamtes, bei denen er von den Mitgliedern des Metropolitankapitels unterstützt wird. In der Münchener Kathedrale werden seit 1821 die bischöflichen Pontifikalgottesdienste zu den verschiedenen Anlässen gefeiert. Hier finden – mit Ausnahme der Priesterweihe, die weiterhin in der Konkathedrale in Freising gespendet wird –

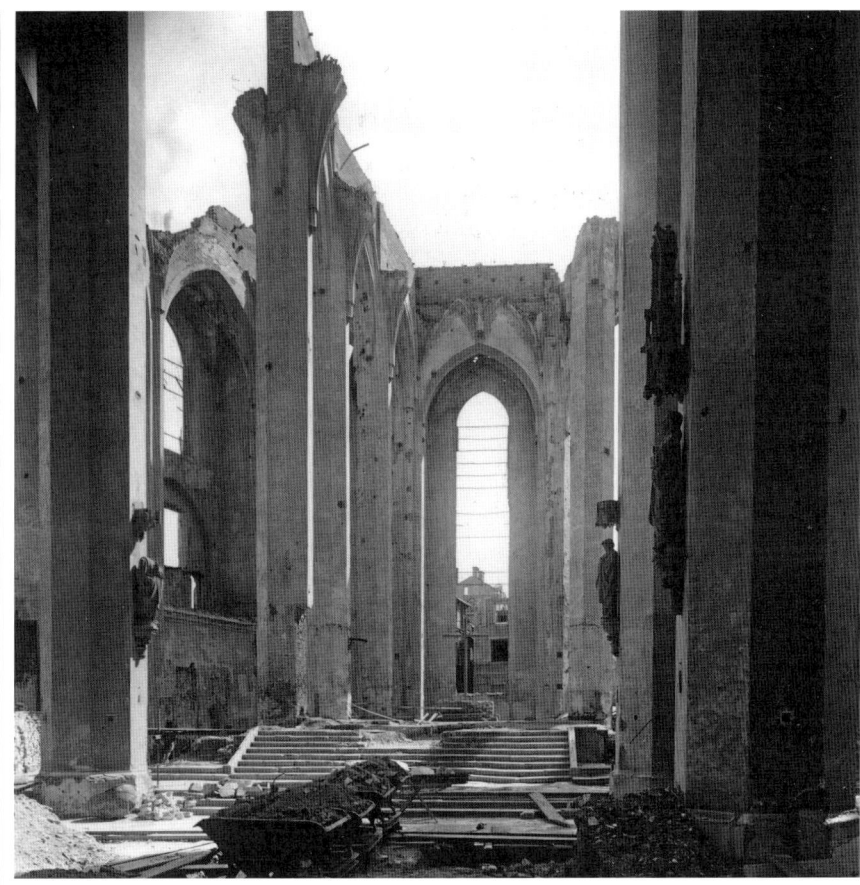

die allgemeinen Ordinationen statt. Der Bischof hat auch das Recht, in seiner Kathedrale beigesetzt zu werden. Die Münchener Frauenkirche ist eine der jüngsten Kathedralen Bayerns. In den vergangenen 187 Jahren wirkten hier bisher 13 Erzbischöfe und lenkten von München aus ihre weite Erzdiözese. Michael Kardinal von Faulhaber (1917–1952) hatte die schwierige Zeit des Nationalsozialismus durchzustehen und musste nach dem Zweiten Weltkrieg die durch Bomben zerstörte Frauenkirche wieder aufbauen. Joseph Kardinal Wendel (1952–1960) war in München Gastgeber des Eucharistischen Weltkongresses. Julius Kardinal Döpfner (1961–1976) wirkte nicht nur entscheidend in der Erneuerung der Kirche in seinem Erzbistum, sondern war als einer der vier Moderatoren des Zweiten Vatikanischen Konzils und als Vorsitzender der Deutschen Bischofskonferenz auch eine führende Gestalt der Weltkirche. Joseph Kardinal Ratzinger (1977–1982), der heutige Papst Benedikt XVI., konnte als Erzbischof 1980 Papst Johannes Paul II. in München begrüßen. Erzbischof Friedrich Kardinal Wetter (1982–2008) war nicht nur Gastgeber beim zweiten München-Besuch Papst Johannes Pauls II. anlässlich der Seligsprechung von Pater Rupert Mayer, sondern durfte im September 2006 auch seinen Amtsvorgänger als Papst in der Frauenkirche willkommen heißen. Am 2. Februar, dem Lichtmesstag, 2008, hat Erzbischof Dr. Reinhard Marx die Aufgabe übernommen, die am Ambo seiner Bischofskirche in Stein gehauen ist: „Gehet hinaus in die ganze Welt und verkündet das Evangelium allen Geschöpfen." (Mk 16,15)

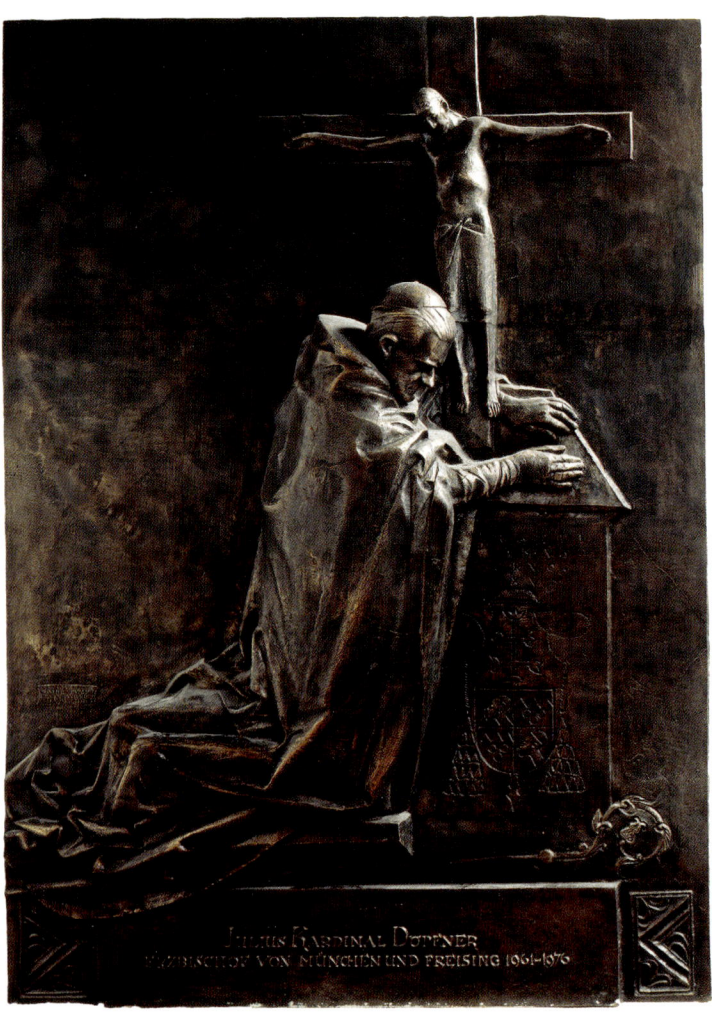

Verzeichnis der in der Frauenkirche residierenden Erzbischöfe

Lothar Anselm Frhr. von Gebsattel 1821–1846
Karl August Graf von Reisach 1846–1856, hernach Kurienkardinal,
gestorben 1869
Gregor von Scherr 1856–1877
Antonius von Steichele 1878–1889
Antonius von Thoma 1889–1897
Franz Josef von Stein 1898–1909
Franziskus von Bettinger, Kardinal 1909–1917
Michael von Faulhaber, Kardinal 1917–1952
Joseph Wendel, Kardinal 1952–1960
Julius Döpfner, Kardinal 1961–1976
Joseph Ratzinger, Kardinal 1977–1982, seit 19. April 2005 Papst Benedikt XVI.
Friedrich Wetter, Kardinal, 1982–2007 (2008)
Reinhard Marx, 2008 ad multos annos

Pfarrer an der Pfarrkirche Zu Unserer Lieben Frau

1. Herr Ulrich (1271–1296)
2. Herr Jakob (1299)
3. Heinrich Teufelhard (1309 erwähnt)
4. Herr Heinrich, Sohn des Kastners von Pähl (1335)
5. Herr Conrad (1352, 1359 erwähnt)
6. Vinzenz Pair (1364 erwähnt)
7. Johann Schreiber (1404 erwähnt)
8. Dr. Leonhard Burkhard (1432 erwähnt)
9. Johann Tulbeck (1436 erwähnt, 1453)
10. Christian Ernst Bittrich (1453–1479)
11. Balthasar Hundertpfund (1479–1502)
12. Wolfgang Wintershofer (1502–1520) in Vertspach
13. Dr. Johann Eckl (1520–1532)
14. Sixtus Schenk (1532–1535) von Knodorf und Loderheim
15. Dr. Sigmund Resch (1537–1544)
16. Christoph Ridler (1544–1557) in Johanneskirchen
17. Georg Schwalb (1557–1563)
18. Dr. Peter Heidfalk (1563–1586)
19. Lukas Klostermayer (1586–1589)
20. Dr. Ulrich Hacker (1589–1594)
21. Dr. Wolfgang Hannemann (1594–1607)
22. Bartholomäus Seitz (1607–1610)
23. Dr. Friedrich Hammetmann (1610–1613)
24. Dr. Johann Schreitenberger (1613–1618)
25. Anton von Mandl (1618–1658)
26. Heinrich Reuter (1658–1678)
27. Dr. Kaspar Höger (1678–1708) aus Anzing
28. Dr. Johann Jakob von Delling (1708–1732) aus Hub und Eglharting
29. Matthias Schwertler (1733–1755)
30. Dr. Johann Joseph Anton Hertel (1756)
31. Dr. Carl Anton Ignaz Alois Edler von Vacchieri (1756–1769)
32. Dr. Josef Felix von Effner (1769–1781)
33. Franz Xaver Scherer (1781–1800)
34. Josef Darchinger (1800–1821)
35. Ignaz Albert von Riegg (1821–1824)
36. Karl von Riccabona (1824–1827)
37. Kaspar Bonifaz Urban (1827–1832)
38. Johann Andreas Baader (1832–1842)
39. Alois Schmid (1842–1867)
40. Nikolaus Weber (1867–1882)
41. Anton Thoma (1883–1889), Erzbischof 1889–1897
42. Paul Kagerer (1889–1896)
43. Anton Alois Lechner (1896–1899)
44. Joseph Spengler (1900–1905)
45. Martin Hartl (1905–1920)
46. Franz Xaver Gessl (1920–1923)
47. Sebastian Fischer (1923–1936)
48. Thomas Stadler (1936–1946)
49. Karl Abenthum (1946–1972)
50. Johann Hillreiner (1973–1992)
51. Lorenz Kastenhofer (1993–2001)
52. Wolfgang Huber (1.1.2002 ad multos annos).

Norbert Jocher

Das Bauwerk

■ Grundriss

Die Münchener Frauenkirche basiert auf einem einheitlich durchkomponierten Grundriss einer spätgotischen Hallenkirche. Im westlichen Fassadenjoch mit massivem Mauerwerk nehmen die beiden Turmkapellen das über eine Treppenanlage aufsteigende Eingangsjoch in die Mitte. Mit dem ersten Joch des eigentlichen Kirchenraums, das in seiner Breite übergangslos an das Fassadenjoch anschließt, manifestiert sich die zehnfach wiederholte Gliederung im Grundriss des Hauptraums: Hauptschiff, zwei Seitenschiffe und ein Kranz von durch Wandpfeiler ausgebildeten Seitenkapellen, von vier Seitenportalen durchbrochen, addieren sich aus der regelmäßigen Abfolge von Seitenschiffquadrat und Mittelschiffrechteck. Die Schiffe sind durch mächtige Achteckpfeiler voneinander geschieden. Der Chorschluss der Frauenkirche basiert auf fünf Seiten eines Zehnecks (sog. Fünfzehntelschluss), in dem sich die Abfolge der Seitenkapellen als Kapellenkranz um den Chor herumzieht. Der Grundriss lässt die großzügige Durchfensterung der Kirche erkennen, was durch die massiven, nach innen gestellten Wandpfeiler statisch gewährleistet ist. Kann das Fassadenjoch aufgrund der darauf lastenden Turmmasse innerhalb der starken Mauern nur relativ schmale Fenster zulassen, wechseln sich dagegen in der Außenwand des Hauptraums Mauer- und Fensterfläche in je gleicher Breite ab. Die Kirche besitzt fünf Portale, das westliche Hauptportal im Fassadenjoch sowie je zwei seitliche Nord- und Südportale im zweiten und siebten Joch. Die beiden nördlichen Portale sitzen in der Linie der Außenmauer und führen die Kapellenreihe in Eingangsräumen fort, die beiden südlichen sind hinter Vorhallen nach innen gezogen, wodurch sie die Reihe der Kapellen akzentuierend unterbrechen.

■ Außen

Die Frauenkirche gestaltet sich als sehr kompakter Baukörper. Die Außenhaut bildet eine großflächig gegliederte hohe Backsteinmauer, die auf beiden Seiten in je zehn schlanken, fast die gesamte Wandhöhe einnehmenden vierbahnigen Lanzettfenstern geöffnet ist. Der Chorschluss nimmt die Wandgliederung der Längsseiten auf, wobei die fünf Fenster, aufgrund der dort breiteren Wandelemente, fünfbahnig verlaufen. Die unteren Fenster im Fassadenjoch sind turmbedingt schmal und niedrig, nur das über dem Hauptportal sitzende kann wieder fünfbahnig große Höhe entwickeln. Die Portale der Frauenkirche sind in ihrer Größe identisch und werden nur durch ihre Lage sowie die Gestaltung der Vorhallen in Hauptportal und Nebenportale geschieden, wobei die beiden südlichen, leicht eingezogenen und mit Vorhallen versehenen Seitenportale gegenüber den nördlichen nobilitiert wirken.

Da das statische System der Frauenkirche vollständig in ihr Inneres verlegt ist, erscheint sie außen in großer Flächigkeit, die dem Betrachter als mächtige Wand aus Backstein und Glas entgegentritt. Anders als z.B. bei einer Kirche im basilikalen System, die mit ihren niedrigen Seitenschiffen aus der Umgebung herauswächst, strebt die Halle der Frauenkirche ansatzlos aus der ringsum gelegenen Bebauung auf.

Die wuchtigen Flächen der imposanten Gebäudemasse sind – diese kontrastierend – in einem subtilen Wand-

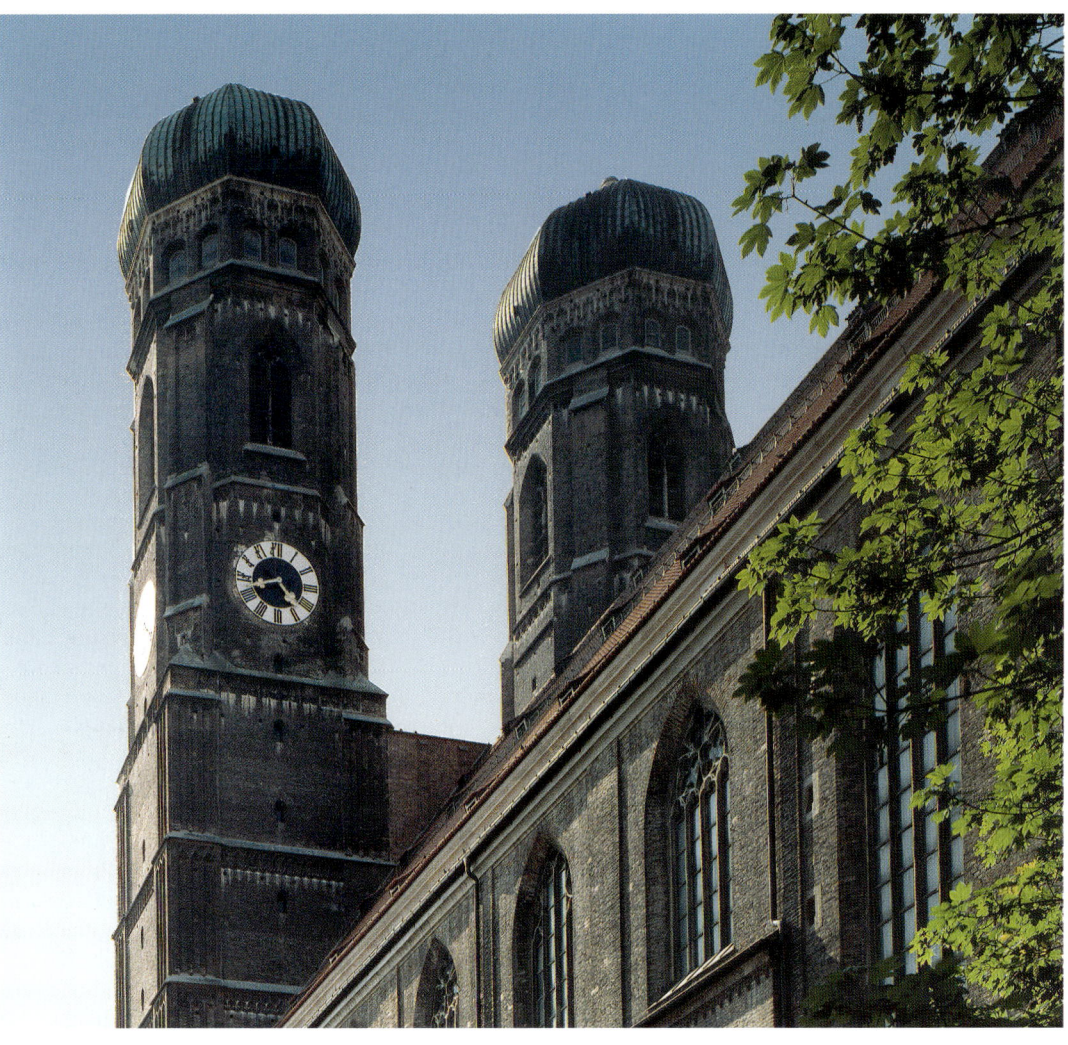

relief gegliedert: Die Kirche ruht auf einem umlaufenden, gequaderten hellen Steinsockel. Darauf folgt ein mannshoher, heute mit zahlreichen Epitaphien besetzter Wandstreifen. Beschlossen wird diese untere Wandzone von einem Bogenfries aus Dreipassmotiven und darüber liegendem ausgeprägtem Gurtgesims (sog. Kaffgesims). Das Gesims verbindet die niedrige untere Wandzone mit der hohen oberen, da es sich in die schrägen Sohlbänke (unterer Abschluss) der Fenster erweitert. Die Fenster sitzen leicht in die Wand eingetieft. Zwischen den Fenstern verlaufen die den horizontalen Wandzonen vorgeblen-deten Lisenen, die die Lage und die Dimensionen der inneren Wandpfeiler andeuten. Die Struktur des Inneren ablesbar zu machen ist ein Leitmotiv der äußeren Gestaltung der Frauenkirche.

Dieses Gestaltungsprinzip setzt sich auch in die Dachzone hinein fort: Die Tiefe der Kapellenreihen zeigt sich, wenn über dem einfachen Dachgesims ein umlaufendes Pultdach ansetzt, das von der restlichen Bedachung durch den geringeren Neigungswinkel sowie einen Blendfries ausgeschieden ist. Über dem Fries steigt dann steil der Dachbereich auf, der die drei Schiffe der Kirche unter sich vereint.

Die beiden Türme besitzen eine reiche vertikale Gliederung, welche deren nach oben kaum abnehmende breite Massigkeit optisch reduziert. Die fünf blockartigen Turmgeschosse werden von flachen, mit schlanken dreiteiligen Blendarkaturen versehenen Strebepfeilern gerahmt: so entstehen seitlich der Türme schmale Bänder, die die Vertikale stark betonen. Die Arkaden sind mit kleinteiligem Maßwerk ausgezeichnet, ebenso die Blendfriese, welche die Geschosseinteilung markieren. Die beiden oberen Turmgeschosse stehen auf achteckigem Grundriss, wobei die abgewinkelten Seiten mit auffälligen Strebepfeilern verstärkt sind. Nur am südlichen Turm zeigen die Pfeiler Blendfriese, so dass auch hierdurch, – wie mit der Portalgestaltung – die Südseite der Kirche, die Tagseite, aufgewertet wird. Die beiden unteren Oktogone tragen an ihren Außenseiten Zifferblätter, die oberen, die Glockenstühle bergend, öffnen sich in großen Lanzetten, an welchen Schallbretter den Klang der Glocken nach unten lenken. Bekrönt werden die beiden Türme mit rundbogig durchfensterten, auf dem reichen und ausladenden Gesims der Glockengeschosse aufsitzenden Tambouren, die über einem Blendfries die charakteristischen ‚welschen Hauben‘ der Frauenkirche tragen.

Zwischen den Türmen schieben zwei Pultdächer die Vorhalle des kielbogigen Hauptportals dezent dem Frauenplatz entgegen.

Innen

Durch das Hauptportal betreten, öffnet sich die Kirche nach Durchschreiten des Fassadenjochs als hohe, mächtige und doch schlanke, äußerst lichte Halle, die man jedoch nur im Fortschreiten vollständig erleben kann: verweilt man im ersten Joch auf der Mittelachse, so verstellen die Achteckpfeiler den Blick in die Seiten und lenken ihn, entlang des kräftigen Tiefenzugs, in Richtung des Chorraums und des Fensters im Chorscheitel. Erst in der Bewegung auf der Mittelachse nach vorne treten Joch für Joch die Pfeiler auseinander und geben optisch die Seitenschiffe frei. Im Gang durch die Seitenschiffe lässt sich ein ähnlicher Effekt beobachten, da die eingezogenen Wandpfeiler immer nur einzelne Kapellen erschließbar machen. Die Halle der Frauenkirche ist also nicht auf eine Allansichtigkeit hin konzipiert, sondern, im Gegenteil, allein auf Teilansichtigkeiten, die den großen Raum entlang seiner regelmäßigen Struktur in Teilräume, Fluchten und Winkel zergliedern. Bedenkt man, dass die diversen Räume der spätmittelalterlichen Frauenkirche von den verschiedensten städtischen Gruppierungen ausgestattet und liturgisch genutzt waren, so kann man im Gestaltungsprinzip der Zergliederung den Versuch sehen, diesem Umstand Rechnung zu tragen: Nebenkapellen, optisch ausgewiesene Einzelräume, die die Vielfalt städtischen, bürgerlichen Lebens bezeichnen, werden im mächtigen, lichten, aufstrebenden Einheitsraum der Halle aufgefangen, zusammengeführt.

Aus den Pfeilern spannt sich in beträchtlicher Höhe das Gewölbe der Frauenkirche auf, in den Seitenschiffen minimal niedriger ansetzend als im Mittelschiff. Entlang der zentralen Achse entwickeln die Rippen verschiedene Sternmotive, wobei der sechszackige Rautenstern im Zentrum der Joche am auffälligsten ist. In den mit Scheidbögen abgetrennten Seitenschiffgewölben dominiert das Motiv des griechischen Kreuzes, das jeweils leicht aus der Achse in südliche Richtung gedreht ist. Hinter einer zweiten Scheidbogenreihe bilden die Gewölbe der Kapellen Netze aus sich durchdringenden Rauten. Sämtliche Schlusssteine sind mit Wappen verziert, die Gewölbekonsolen in den Seitenschiffen und den Kapellen weisen figürliche Gestaltung auf.

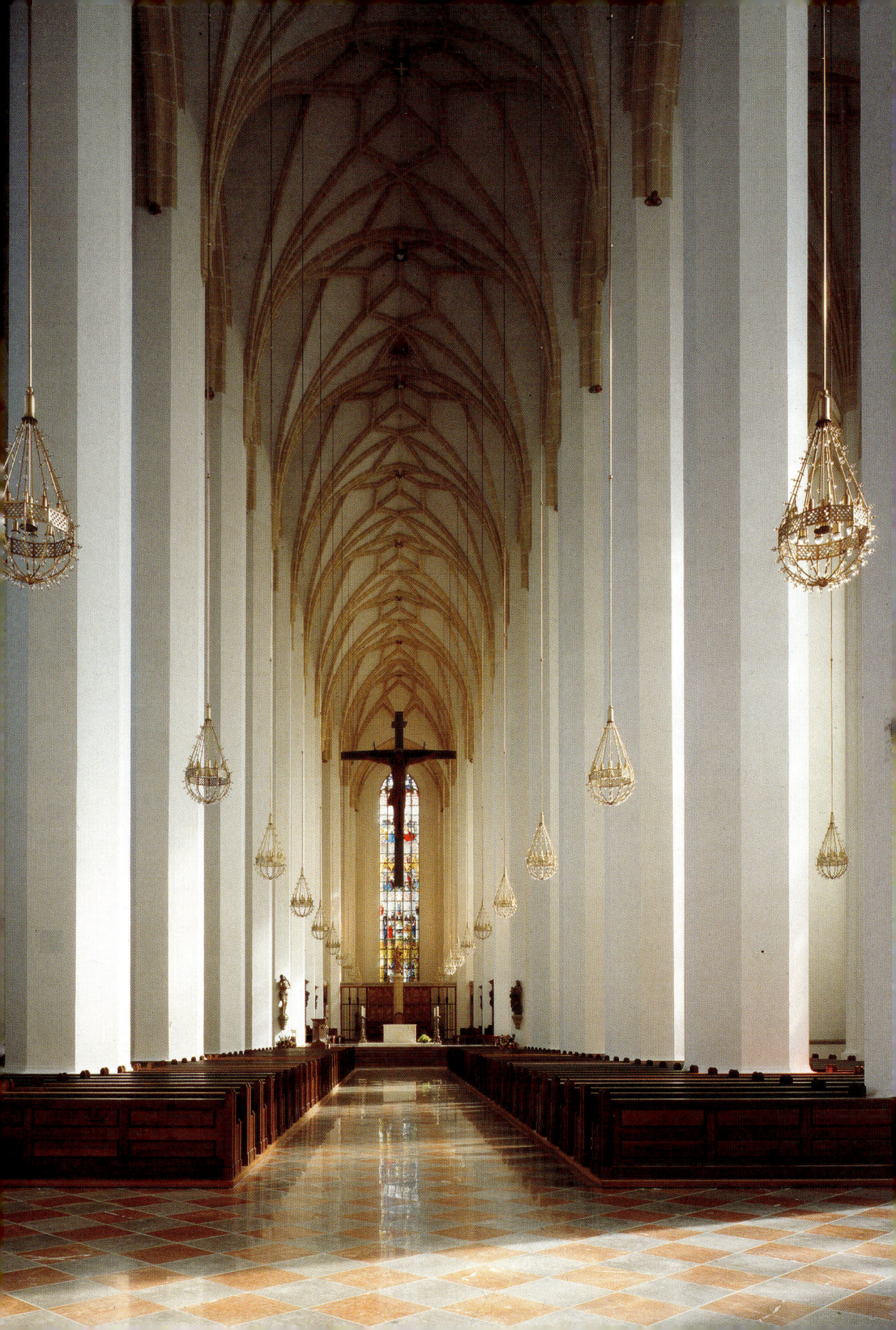

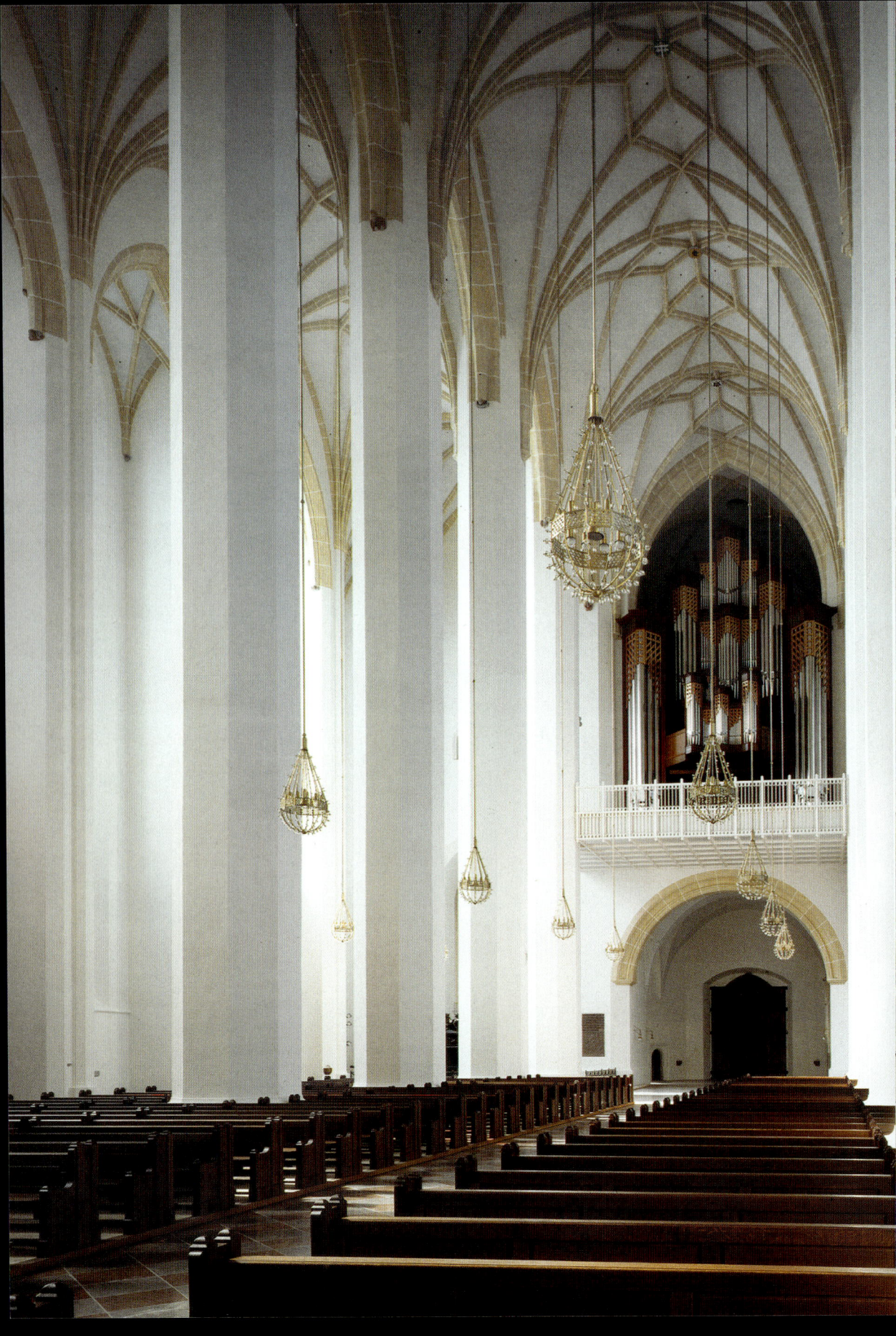

Seite 22:
Blick zur Orgel

Festzuhalten ist, dass die architektonische Gliederung des Inneren die Strenge des Grundrisses im darauf aufgehenden Bauwerk vollständig und konsequent weiterführt. Innen und Außen der Frauenkirche korrespondieren. Beide Raumschalen weisen durchgreifende Gestaltungsprinzipien auf, die sich auf dezente und fast minimalistische architektursprachliche Artikulationen beschränken, welche das Gebäude Würde und Eleganz vermitteln lassen.

Der Innenraum der Frauenkirche erscheint als geordnetes Spiel von schmalen Flächen (Freipfeiler, Gewölbesegel, Scheidbögen, Wandpfeiler, Laibungen etc.) und Linien (Rippen, Maßwerk etc.). Zusammen mit der hellen Farbigkeit der Architekturglieder und den vielteiligen Farbfenstern entwickelt sich über die grundlegenden architektonischen Strukturen ein optisch dichter Raum, der zugleich aufgrund der filigranen Struktur seiner Felder und Rahmen leicht und aufgelöst wirkt: der gewaltigen Größe der Frauenkirche steht innen wie außen in reizvoller Weise eine gestalterische Leichtigkeit gegenüber.

Norbert Jocher

Das Innere des Domes – Seitenkapellen, Sakramentskapelle, Krypta

Der Rundgang mit der Beschreibung der Kapellen, des Kenotaphs und der Krypta beginnt im Westen (1–2), verläuft in östlicher Richtung entlang der nördlichen Kapellenreihe bis in den Chorscheitel (3–15), von dort südlich zurück nach Westen (16–29) und schließlich über das Presbyterium in die Krypta (30–31).

1 Westliche Vorhalle, Orgelempore
An der rechten Wand des Eingangsraums hängt das 1688 vom Münchener Hofmaler *Johann Andreas Wolff* geschaffene Gemälde „Vermählung Mariens". Es fungierte als Retabelgemälde des ehemaligen Brautaltars, der 1683 zur Trauung bürgerlicher Paare in der Taufkapelle (s. 20) eingerichtet wurde. Gegenüber befindet sich das 1848 von *Ludwig Schwanthaler* gefertigte Epitaph für den ersten Münchener Erzbischof Lothar von Gebsattel.

2 Tulbeckkapelle unter dem Nordturm
Die Kapelle ist benannt nach ihren Stiftern. Das prominenteste Mitglied dieses Münchener Bürgergeschlechts war Johann Tulbeck, von 1436 bis 1453 Pfarrer Zu Unserer Lieben Frau in München und von 1453 bis 1474 Bischof von Freising. Johann Tulbeck ließ sich in der mit dem Neubau der Frauenkirche neu eingerichteten Kapelle seiner Familie bestatten. Der heute aufgestellte Rotmarmorgrabstein deckte sein Grab vor dem Altar. Tulbeck tritt zudem als kniender Stifter im geschnitzten Altarretabel des einzigen erhaltenen Retabels der neugotischen Ausstattung der Frauenkirche von 1861 auf.

3 Apolloniakapelle der Familie Tichtl (heute Beichtraum)
Die Familie Tichtl richtete im frühen 15. Jahrhundert einige Stiftungen an ihrem Altar in der Vorgängerkirche ein. Die Kapelle wurde dann in den Kirchenneubau übernommen. Als nennenswerte Stücke birgt die Kapelle heute das Epitaph des 1520 verstorbenen Kanonikers Franz Tichtl sowie das 1714 vom Münchener Hofmaler *Johann Degler* geschaffene Gemälde mit der Darstellung des Martyriums der hl. Apollonia.

4 Sixtusportal

Seite 24/25:
Blick in den Chorraum

23

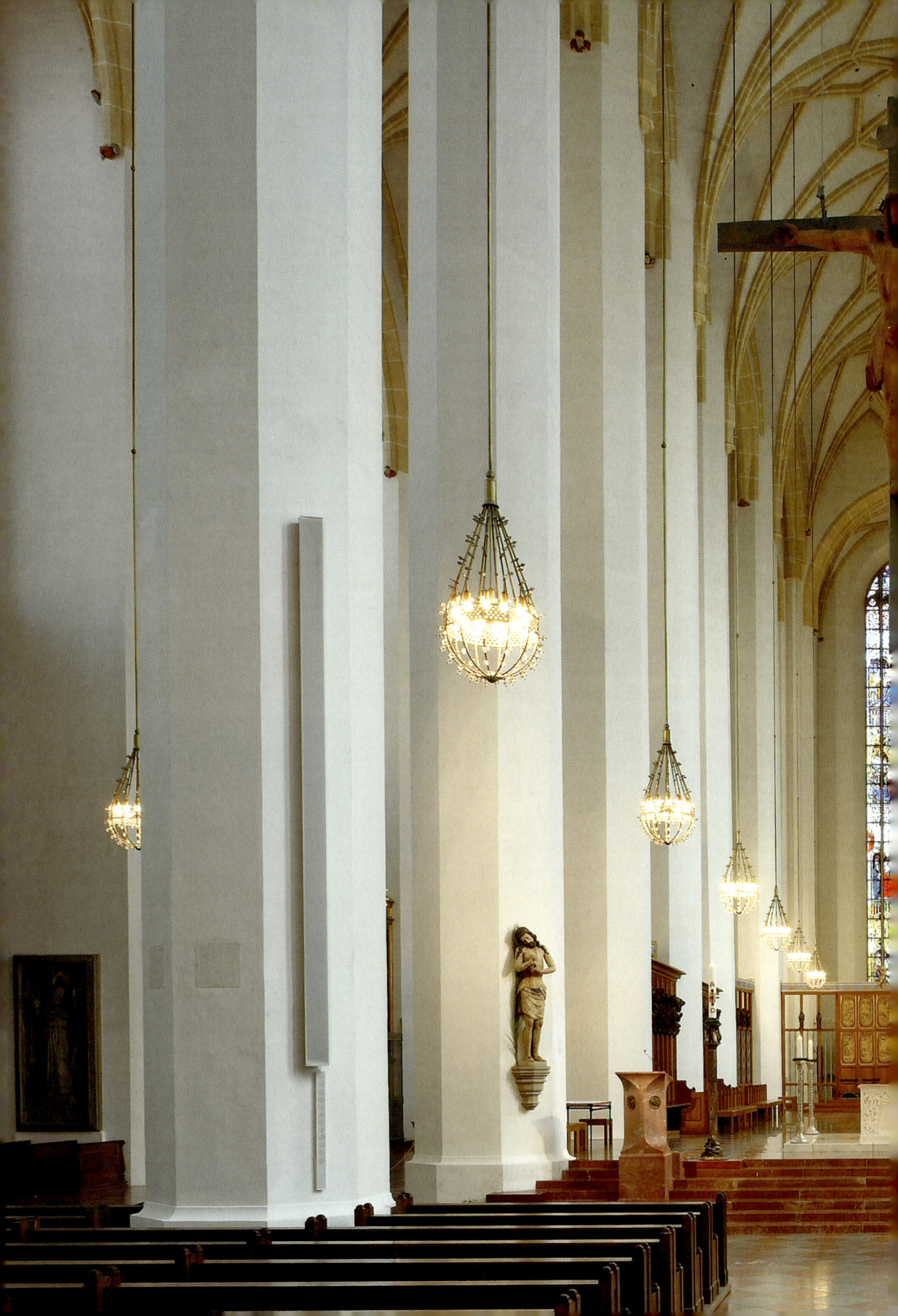

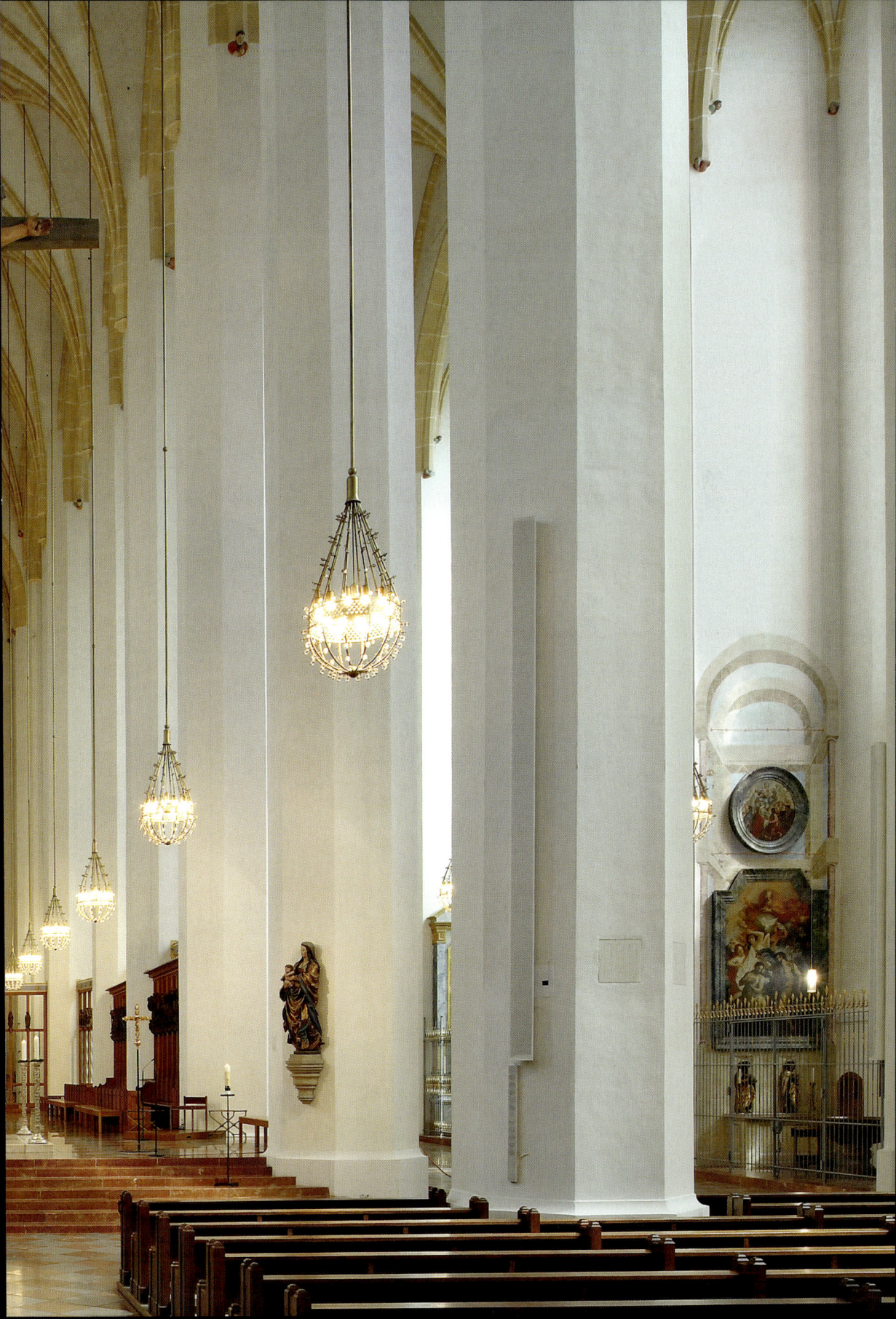

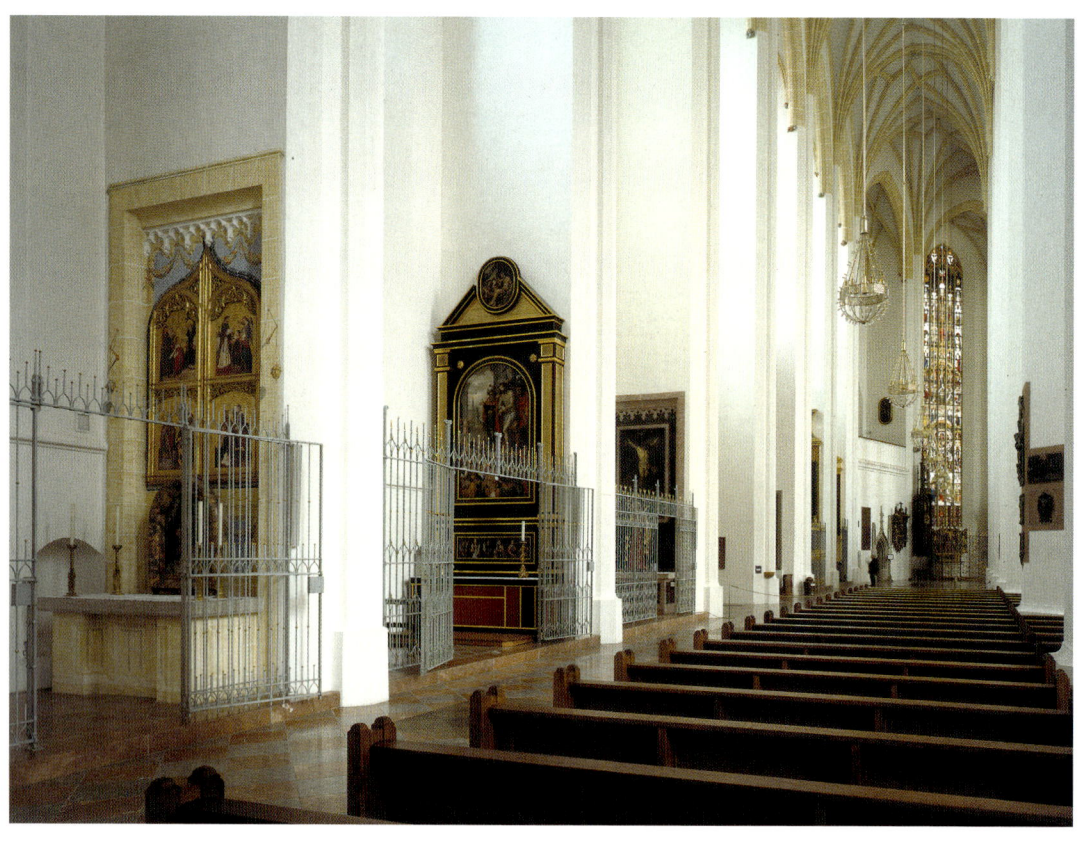

5 Dreikönigskapelle der Familie Barth

Die Kapelle ist vom frühen 16. bis ins späte 19. Jahrhundert im Besitz der Münchener Bürgerfamilie Barth nachzuweisen und enthält deren Grablege. Dominiert wird das Erscheinungsbild der Kapelle heute einerseits durch die zwischen 1600 und 1760 entstandenen Epitaphien der bereits im 13. Jahrhundert belegbaren Patrizierfamilie. Der zweite bildnerische Akzent ist das für die frühe Barockmalerei in Deutschland wichtige Gemälde „Anbetung der Könige" 1628 vom Münchener Maler *Johann Ulrich Loth*, das einst als Retabelgemälde in der Kapelle der Barths fungierte.

6 Thomaskapelle der Familien Stupf und Wilbrecht bzw. Mariä-Rosen- und Korbinianskapelle

Bereits im Vorgängerbau stand ein nördlicher Thomasaltar, gestiftet von Heinrich Stupf und Konrad Wilbrecht.

1651 wurde ein wundertätiges, „Mariä Rosen" genanntes Marienbild auf den Thomasaltar der heutigen Kirche transferiert. Nach deren Wiederaufbau 1953–58 erhielt die Kapelle zusätzlich das Patrozinium des Bistumspatrons, des hl. Korbinian. Den ersten Titular der Kapelle, den hl. Thomas, verbildlicht eine Predella aus der Mitte des 17. Jahrhunderts von unbekannter Hand. An das zerstörte Gnadenbild erinnert ein 1992 für den Dom erworbenes Gemälde (um 1610) aus der Nachfolge des Münchener Hofmalers *Hans Werl*, mit der Darstellung von Engeln, die der Gottesmutter und dem Jesuskind Rosen streuen. Das jüngste Patrozinium des hl. Korbinian illustrieren die Altarflügel eines 1865 von *Max von Menz* für die Neugestaltung des Doms geschaffenen Korbiniansaltars.

Kapelle 8
der hll. Sebastian
und Agnes:
Altarbild von
Antonys van Dyck:
Gekreuzigter

7 Kapelle des hl. Blasius und der Unschuldigen Kinder der Familie Wampl

Den Kindermord zeigt eine Predella von *Jacopo Amigoni* (1675–1752) an der Westwand der Kapelle; das dazugehörige Hauptbild wurde 1860 entfernt. Die Kapelle wird heute dominiert von Predella, Haupt- und Oberbild des bis 1860 am Bennobogen befindlichen Ecce-homo-Altars. Zugeschrieben werden die beiden oberen, 1599 geschaffenen bedeutenden Gemälde dem Münchener Maler *Johann Rottenhammer*. Der hl. Blasius, Patron der Kapelle, tritt in einem mittelalterlichen Bildwerk auf. Eine bedeutende Bildhauerarbeit des frühen, ersten, kraftvollen Barock in Bayern ist das gegenüber der Kapelle angebrachte, von *Hans Krumpper* zwischen 1615 und 1618 entworfene Bronzeepitaph für Dr. Jakob Burchard, den Leibarzt Herzog Wilhelms V., und Burchards Gattin Juliana Schobinger.

8 Kapelle der hll. Sebastian und Agnes der Priesterbruderschaft

Von der Kapellenausstattung des 17. Jahrhunderts hat sich eine Skulptur der Schmerzhaften Muttergottes erhalten. Das darüber gehängte eindringliche Gemälde „Christus am Kreuz" wurde 1821 durch das Metropolitankapitel erworben. Es entstand um 1635, ist *Antonys van Dyck* zugeschrieben und zitiert die vor allem von Rubens variierte Bilderfindung des *einsamen Kreuzes*. An der Westwand hängt das Gemälde mit der Darstellung des Martyriums des hl. Petrus, 1605 vom italienischen Maler *Paolo Piazza*. Es war das Retabelgemälde für den einst am Bennobogen befindlichen Petrusaltar (s. auch 22). Ein 1610 von Hans Krumpper gestaltetes Epitaph an der Nordwand erinnert an die in der Kapelle bestatteten Mitglieder der Priesterbruderschaft.

9 Bennoportal

Über dem Portal stehen die zum Schutz vor Witterungseinflüssen ins Innere der Kirche verlagerten Steinskulpturen

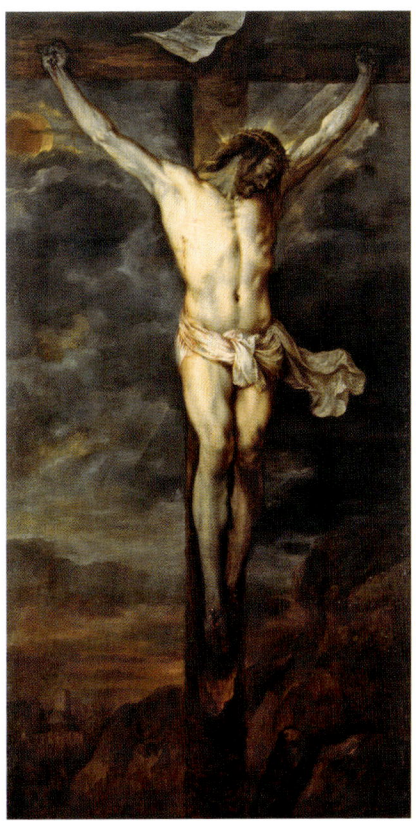

„Auferstandener" und „Maria mit Kind", um 1440, deren kostbare, originale Farbfassungen im Zuge der letzten Restaurierungsmaßnahme freigelegt und restauriert wurden.

10 Ehem. Andreaskapelle der Familie Purolfinger, seit 1603 Eingang zur Bennosakristei

Nachdem 1580 die vier Jahre zuvor nach München gebrachten Reliquien des hl. Benno in der Frauenkirche zur Verehrung ausgesetzt wurden (s. 19), verlangte deren große Popularität die Errichtung eines eigenen Raumes, der 1603 hinter der Kapelle als Bennosakristei ausgeführt wurde. Der ehemalige Andreasaltar der Kapelle musste weichen. Über dem Eingang zur Sakristei hängt *Peter Candids* 1620 vollendetes Hochaltarbild „Mariä Himmelfahrt" – ein (das) Hauptwerk der deutschen Malerei des 17. Jahrhunderts –, das 1860 hierher versetzt

Ehemalige
Andreaskapelle 10:
ehemaliges
Hochaltargemälde
Mariä Himmelfahrt von
Peter Candid,
1620

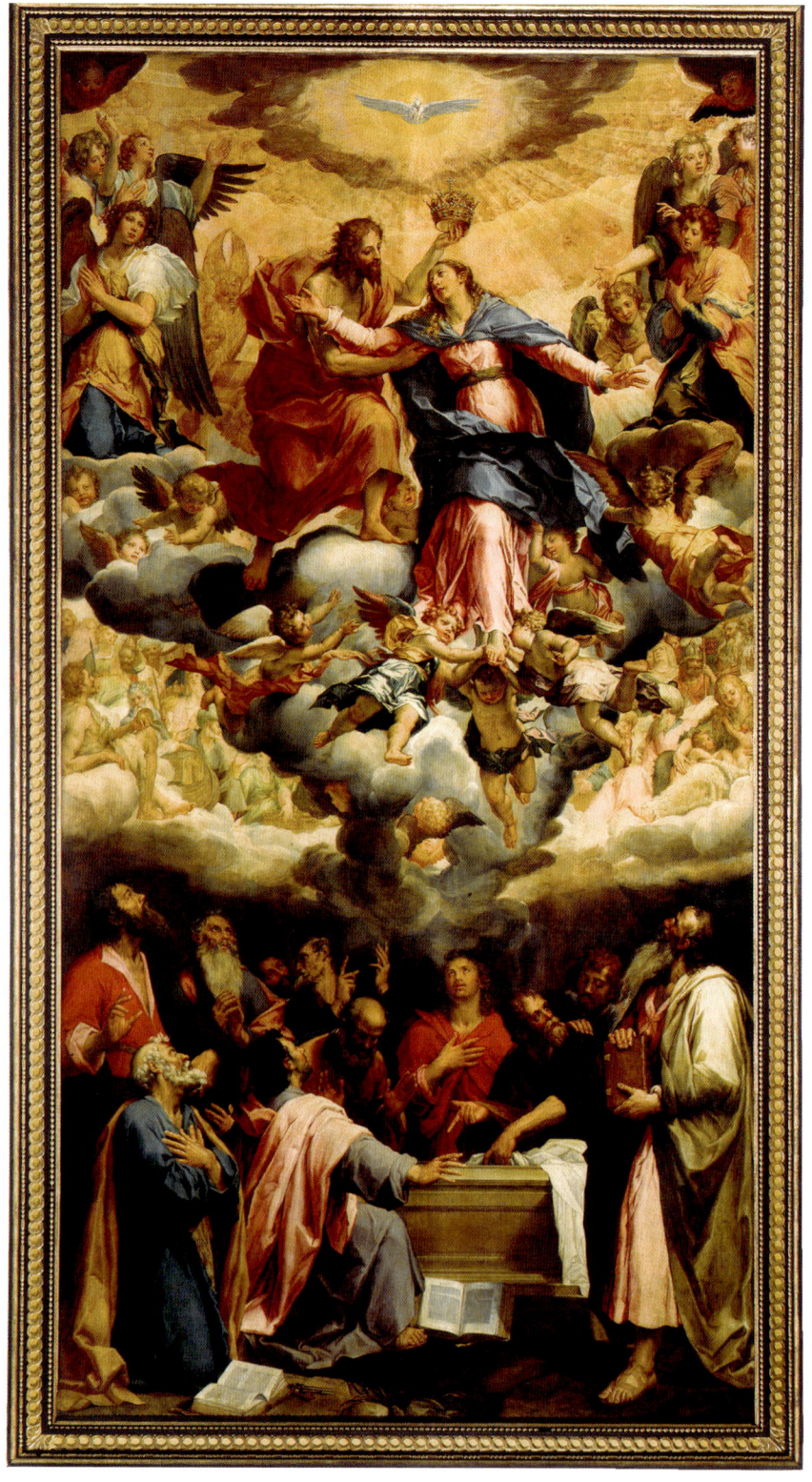

Kapelle 12 der
hll. Anna Selbdritt
und Georg:
hl. Christophorus
von Hans Leinberger,
um 1525

wurde. An Erzbischof Gregor von Scherr (1856–1877), den Auftraggeber der zwischen 1858 und 1861 vollzogenen umfangreichen Umgestaltung des Doms, erinnert ein Steinepitaph von *Paul Sayer*.

11 Katharinenkapelle
der Goldschmiedezunft

Bereits im Vorgängerbau befand sich an analoger Stelle eine Kapelle zu Ehren der hl. Katharina von Alexandrien. Im Neubau erwarb die Zunft der Münchener Goldschmiede die Kapelle mit der Verpflichtung, diese künftig auszugestalten. 1692 dann erhielt die Eisenhändlerswitwe Catharina Ducatin das Begräbnisrecht und stiftete daraufhin einen Altar, dessen von Johann Andreas Wolff geschaffenes Gemälde heute die Ostwand besetzt. An der Nordwand befinden sich Candids Predellen- und Oberbild des ehemaligen Hochaltars (s. 10). Darunter birgt ein Ostensorium Reliquien des hl. Papsts Pius X. In der Wandnische steht die Silberstatue des hl. Josef, erstes Drittel des 18. Jahrhundert, eine bedeutende Arbeit des wichtigen Münchener Goldschmiedes *Franz Kessler*.

12 Kapelle der hll. Anna Selbdritt
und Georg der Herzöge des Hauses
Wittelsbach

Die Kapelle, schon im Vorgängerbau an vergleichbarer Stelle vorhanden, ist eine Stiftung der Wittelsbacher. Die heute in der Kapelle versammelten monumentalen Schnitzfiguren stammen allesamt aus dem frühen 16. Jahrhundert, gehen auf wittelsbachische Auftraggeber zurück und wurden von Künstlern gefertigt, die die Spitze der süddeutschen Bildhauerei der Zeit um 1500 ausmachen. Die Figuren des hl. Christophorus (um 1520–1525 – eigentlich ikonologisch in den Eingangsbereich der Frauenkirche gehörend, Christophorus als Patron, der vor dem jähen Tod schützt und deshalb die Präsenz gleich beim Eintritt in die Kirche erfordert) und

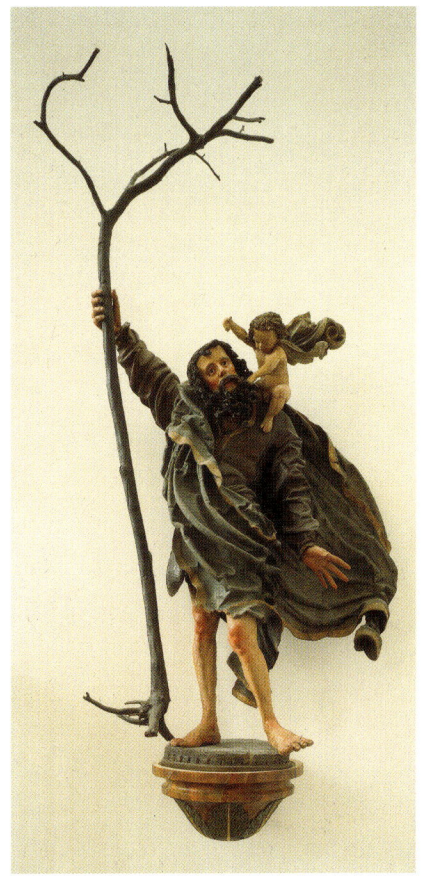

des hl. Georg (um 1515–1520) sind Werke des Landshuters *Hans Leinberger*, der hl. Rasso (um 1520) ist neben dem Namen gebenden Altar in Rabenden das wichtigste Werk des sog. *Meisters von Rabenden* und die hl. Anna Selbdritt (um 1520) – die einzige spätmittelalterliche Hängefigur in der Frauenkirche – ist aus der Hand Stephan Rottalers. Die Leinbergerschen Figuren waren Teil eines Altars, der im frühen 17. Jahrhundert durch einen neuen ersetzt wurde, dessen von Johann Ulrich Loth ausgeführte Gemälde an der Westwand der Kapelle zu sehen sind.

13 Sakramentskapelle,
ehemals Sakristei

Die alte Sakristei ragt unten in die Wandpfeilerkapelle hinein und bildet darin oben eine Empore aus. Die die

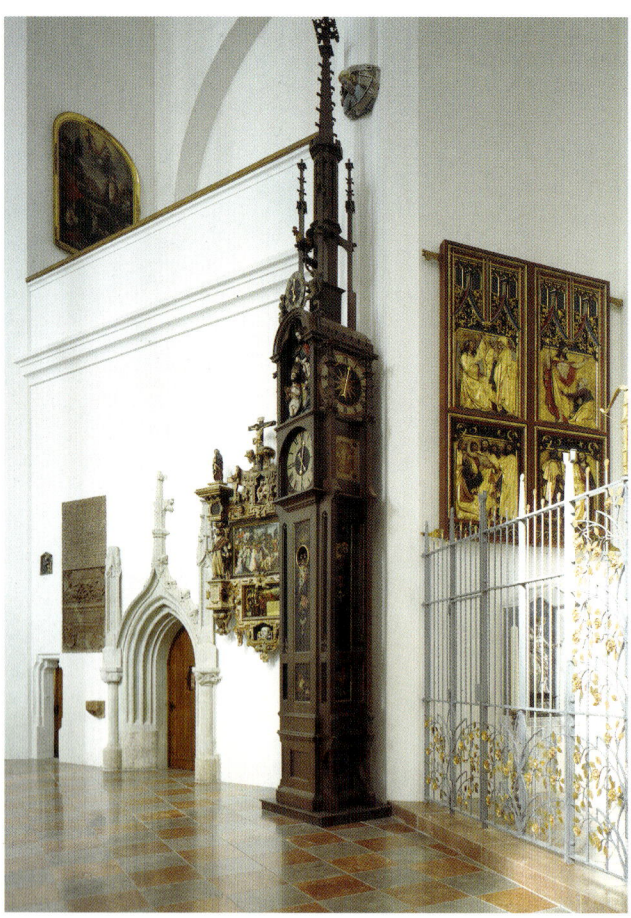

Die Bittenden flehen mit Gesten und Blicken, woraufhin Gottvater das halb gezückte Richtschwert zurück in die Scheide steckt.

14 Michaels-, Florians- und Sebastianskapelle der Chorleviten

1696 wurde der spätmittelalterliche Flügelaltar der Kapelle entfernt und durch einen modernen ersetzt, der wie sein Vorgänger die Patrone der Kapelle zeigte. Erhalten hat sich davon die um 1700 von dem wichtigsten Münchener Bildhauer vor *Ignaz Günther* und *Johann Baptist Straub*, *Andreas Faistenberger* geschnitzte Sebastiansfigur, heute rechts platziert. Unterhalb flankieren die Figur vier Tafeln der Passion Christi von *Jan Polack* (gest. 1519). Dazu kommen die Flügel des 1945 zerstörten neugotischen Auferstehungsaltars von *Max Widenmann*. Zentral in der Kapelle befindet sich ein Altar (der Schrein ist eine Rekonstruktion), der die Elemente des Andreasaltars aus der zum Sakristeieingang (s. 10) umgebauten Andreaskapelle wieder zusammenführt. Die mittlere Schreinfigur mit der Darstellung des hl. Andreas gilt als Arbeit des Meisters von Rabenden.

15 Chorscheitelkapelle; Kapelle der Erzbruderschaft von Unserer Lieben Frau zu Altötting

Chorscheitelkapellen sind üblicherweise der Muttergottes geweiht, unabhängig vom Patrozinium der Kirche. In der Münchener Frauenkirche ist die hl. Maria an diesem Ort im gegen 1510 verfertigten Gemälde „Schutzmantelmadonna" von Jan Polack, einem Hauptwerk der Münchner Malerei der Spätgotik, dargestellt sowie in einem Gnadenbild, das Münchener Bürger im Jahr 1659 zu einem Altar gestiftet haben. Das Gestühl der Kapelle wird (wie das der Kapellen 14 bis 19) aus den Fragmenten der 1945 aus dem Brandschutt des Doms geborgenen Bankreihen gebildet, die der Münchener Bildhauer Ignaz Günther 1771 mit geschnitzten Wangen versehen hat.

Kapelle 13: Sakramentskapelle, Eingangswand zur Sakramentskapelle mit Automatenuhr und Dobereinerepitaph; Blick in Kapelle 14 Michaels-, Florians- und Sebastianskapelle

Sakristei ersetzende Sakramentskapelle dient heute dem werktäglichen Gottesdienst. Ihre schlichte Einrichtung mit den liturgischen Orten des *Max Faller* von 1984 wird durch das Andachtsbild „Auferstandener Erlöser" von um 1450 komplettiert. Die Wand um das im Krieg zerstörte Portal zur Kapelle trägt links das Epitaph zu Ehren von Johannes Neuhauser, dem ersten Propst des 1494 gegründeten Kollegiatstifts im Dom, einem Halbbruder Herzog Albrechts IV., und rechts das 1576 gefertigte Epitaph zu Ehren des Stiftsdekans Philipp Dobereiner. Vor dem östlichen Wandpfeiler steht eine um 1500 entstandene Automatenuhr, die mit beweglichen Figuren (vermutlich von *Erasmus Grasser*) die *intercessio* aufführt, die Fürbitten von Christus und Maria bei Gottvater:

Kapelle 13:
Sakramentskapelle,
Blick in die
Sakramentskapelle mit
Altar und Tabernakel
von Max Faller, 1984

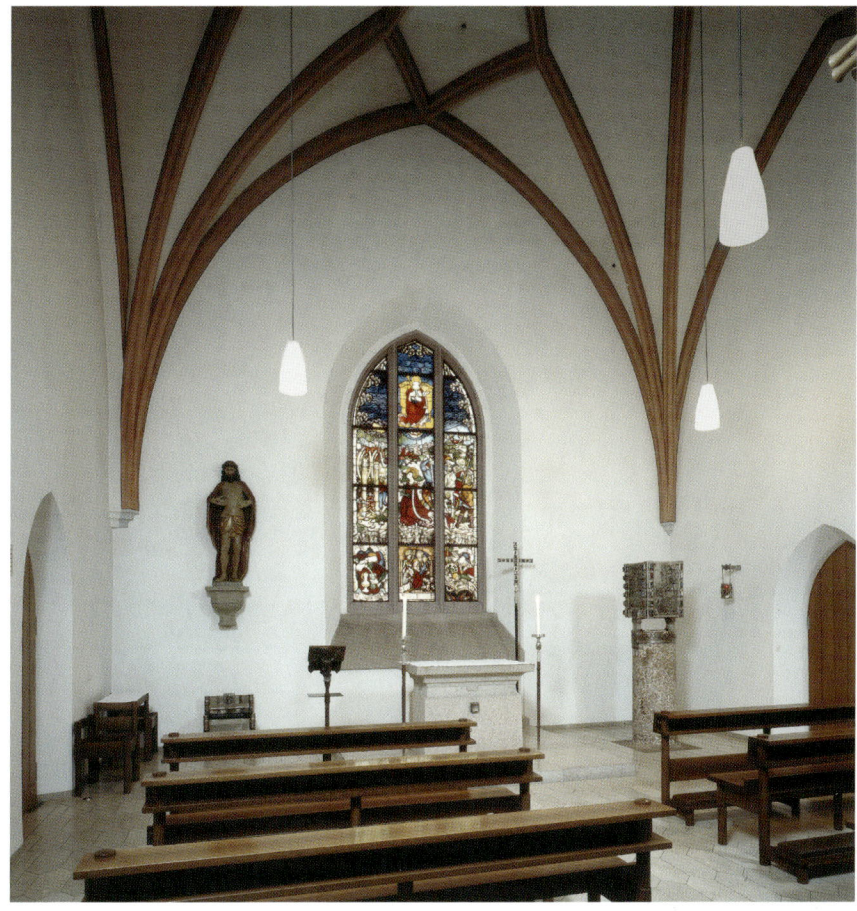

Seite 32/33:
Rückseite des
Presbyteriums-
abschlusses mit
den Gemälden
des Memminger
Altares und
Seitenwänden
der Tumba der
Königin Beatrix

16 Kapelle Mariä Opferung der Gebrüder Leutold

Den Mittelpunkt der Kapelle – deren Weihetitel in den Glasmalereien gezeigt ist – bildet die sog. „Münchener Domkreuzigung" von ca. 1440, wohl aus der Werkstatt des Meisters, aus der auch das Hochaltarretabel des Vorgängerbaus stammte, *Gabriel Angler*. Die Kreuzigungsdarstellung bildet jetzt wieder das Mittelbild eines Klappaltars, dessen Flügel 1993 von *Dietrich Stalmann* in der Technik der Fotoübermalung gestaltet wurden. Als Predella fungiert das silberne Relief vom Arsatiusschrein des Goldschmieds *Hans Löffler* von 1496; es erinnert an die 1495 erfolgte Verlegung des Chorherrenstifts Ilmmünster in die Frauenkirche, in dessen Folge man auch die Reliquien von dessen

Patron nach München transferierte. Links und rechts in der Kapelle hängen die Retabelgemälde der beiden Altäre, die man 1606 im Zuge der Neugestaltung des Chorraums am vorletzten östlichen Pfeilerpaar platzierte: Rechts ist die um 1606 entstandene „Marienkrönung" von Johann Rottenhammer zu sehen, links die „Kreuzesprobe der hl. Helena" von *Matthias Kager* aus dem Jahr 1608.

17 Rupertuskapelle der Familie Scharfzandt

1473 stiftete der Münchener Kaufmann Wilhelm Scharfzandt einen Altar für diese Kapelle, geweiht dem hl. Rupert, dem Patron des Erzbistums Salzburg, dessen Suffraganbistum das Fürstbistum Freising bis zur Säkularisation war. 1678 wurde ein neuer

31

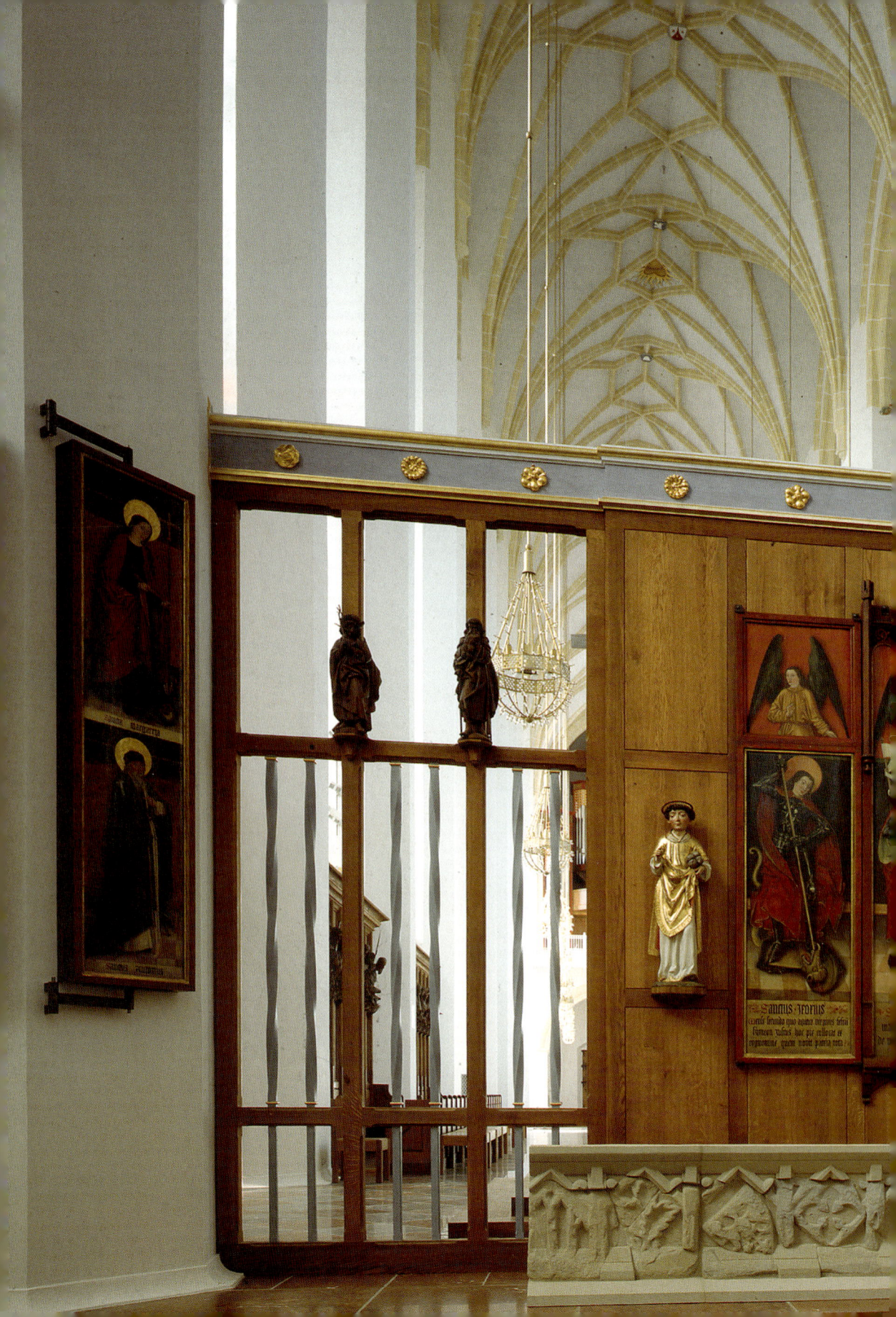

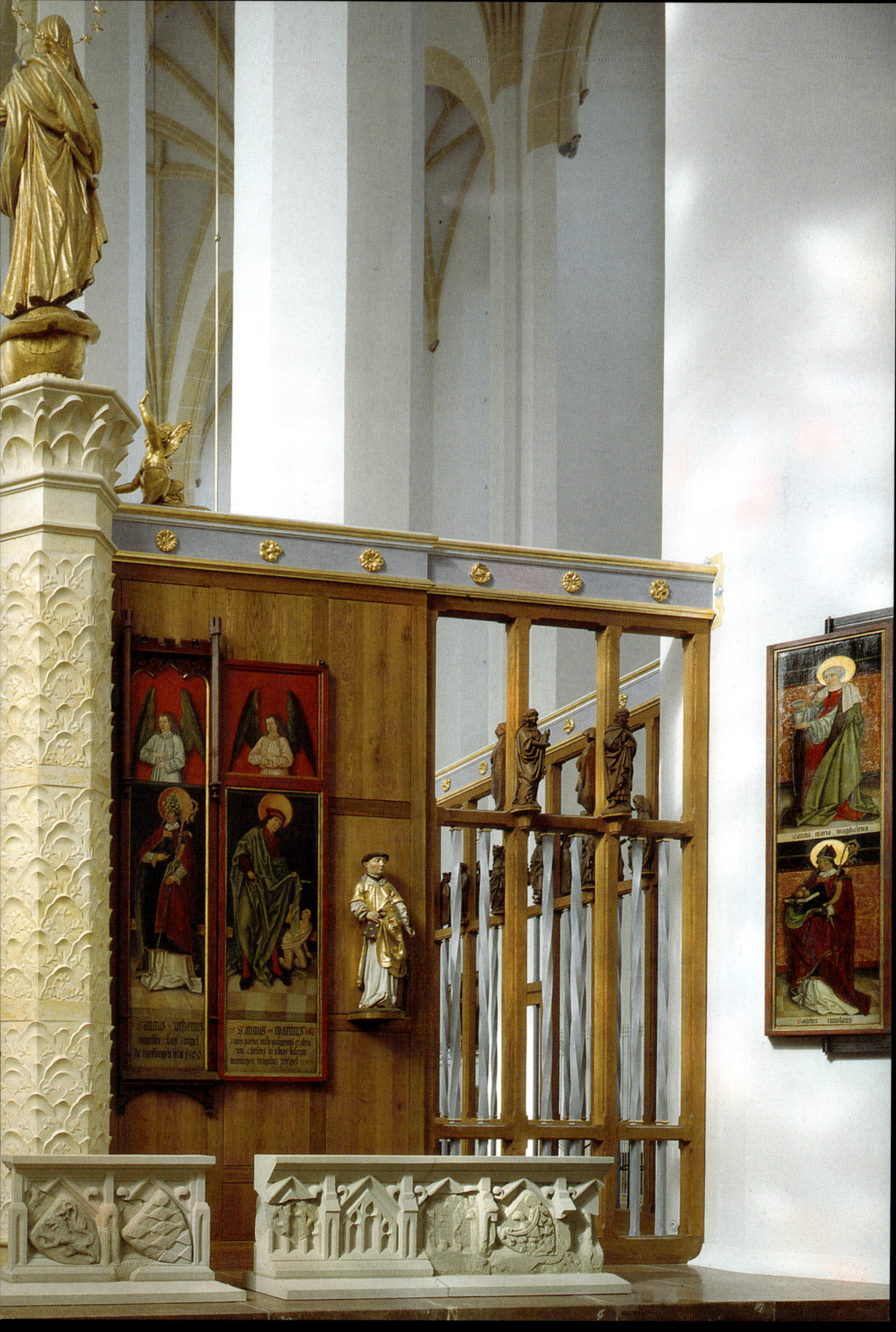

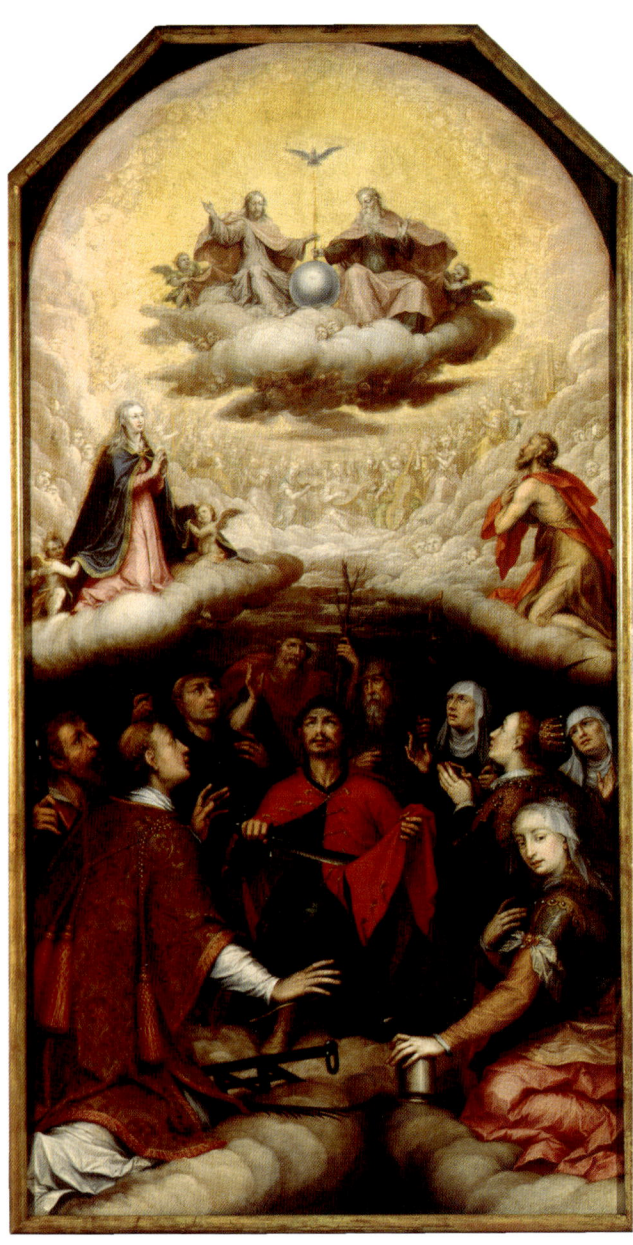

18 Johann-Nepomuk-Kapelle der Gebrüder Ridler

1730 stiftete Herzogin Anna Carolina von Pfalz-Neuburg eine Reliquie des 1729 heiliggesprochenen Johannes von Nepomuk. Die Reliquie ist in einem Ring gefasst und einem Kästchen aus Bergkristall verwahrt. Bereits 1703 hatte ein unbekannter Stifter ein Vorsatzbild Johann Nepomuks in Auftrag gegeben, in dessen Sockel dann die Reliquie deponiert wurde. Das Bildwerk steht heute wieder an seiner ursprünglichen Stelle, aber vor neu angebrachten Retabelgemälden: das Hauptbild zeigt eine „Gloria" (Dreifaltigkeit mit zahlreichen Heiligen), geschaffen um 1600 vom bayerischen Hofmaler *Hans Werl*. Unter dem Fenster der Kapelle ist der älteste Grabstein der Frauenkirche eingelassen, der an den 1359 verstorbenen Münchener Patrizier Johannes Ligsalz erinnert. Westlich befindet sich das Rotmarmorepitaph des 1581 verstorbenen Gabriel Ridler.

19 Bennokapelle, ehemals Dreifaltigkeitskapelle der Familie Niger

Die Kapelle ist seit dem Wiederaufbau dem Stadtpatron geweiht. Der Meißener Bischof (1066–1106) geriet bei seinem formellen Heiligsprechungsprozess 1523 in die Auseinandersetzungen der Reformation. Nach deren Einführung in seiner ehem. Bischofsstadt Meißen wurden die Gebeine geborgen, 1576 auf Betreiben des bayerischen Herzogs Albrecht V. nach München, und 1580 in die Frauenkirche verbracht und seither ist der hl. Benno Patron der Stadt München. Die Reliquien präsentierte man ab 1604 unter dem Gewölbe des von Hans Krumpper errichteten Bennobogens (abgebrochen 1859). Das heutige Retabel der Bennokapelle hat das 1604 wahrscheinlich von *Paulus van Vianen* verfertigte Büstenreliquiar im Zentrum. Im Sockel des Retabels befindet sich der Bennostab, im neugotischen Schrein gegenüber lagert der Bennomantel. Der Bennostab selbst ist zumindest in weiten Teilen des Schaf-

Altar gestaltet. Sein um 1690 vom Hofmaler Johann Andreas Wolff geschaffenes Retabelgemälde hängt heute an der Ostwand der Kapelle; es zeigt den Heiligen, wie er Maria das Altöttinger Gnadenbild weiht. Süd- und Westwand besetzen die Gemälde von der Rückseite des ehemaligen Hochaltars, allesamt aus der Werkstatt Peter Candids.

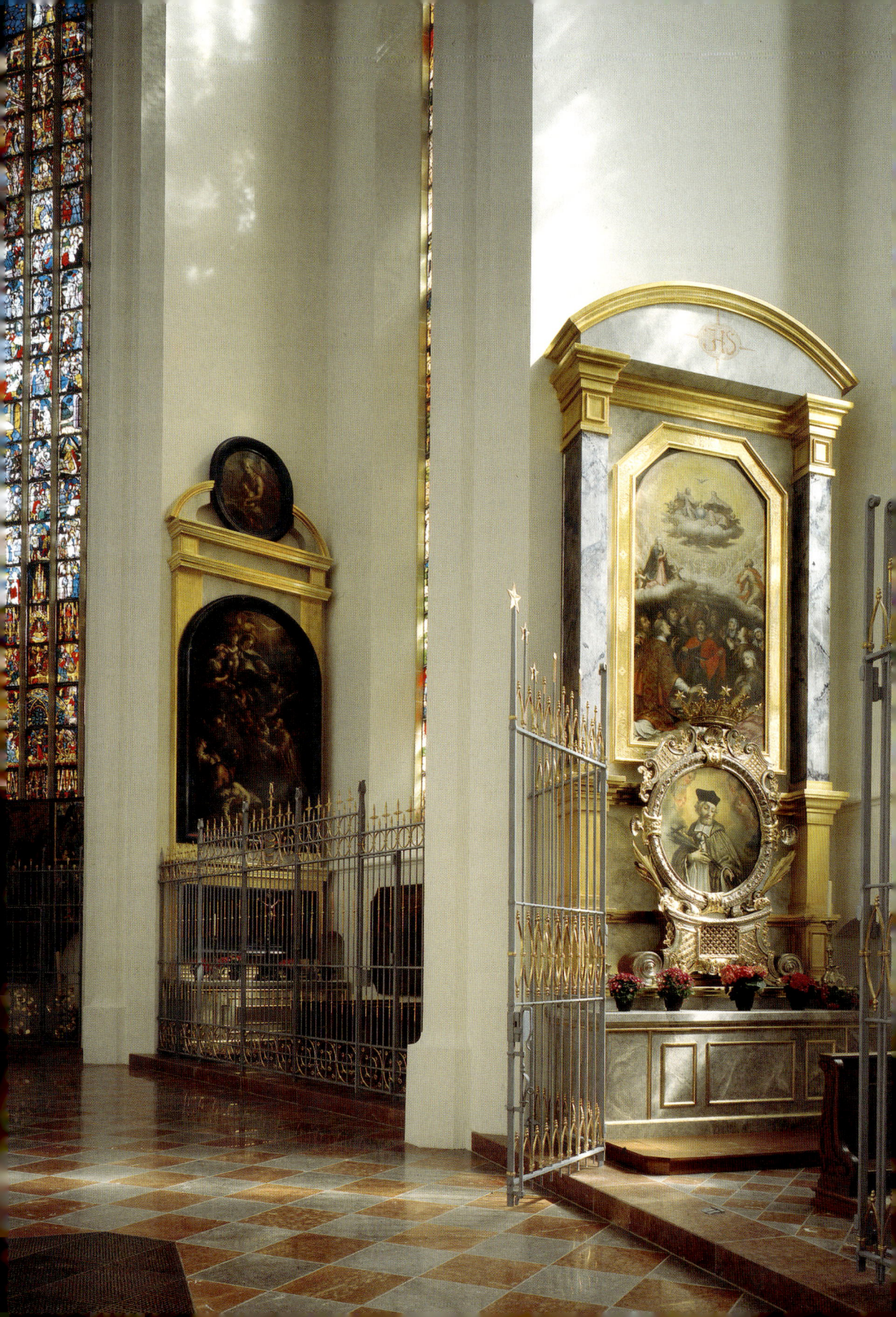

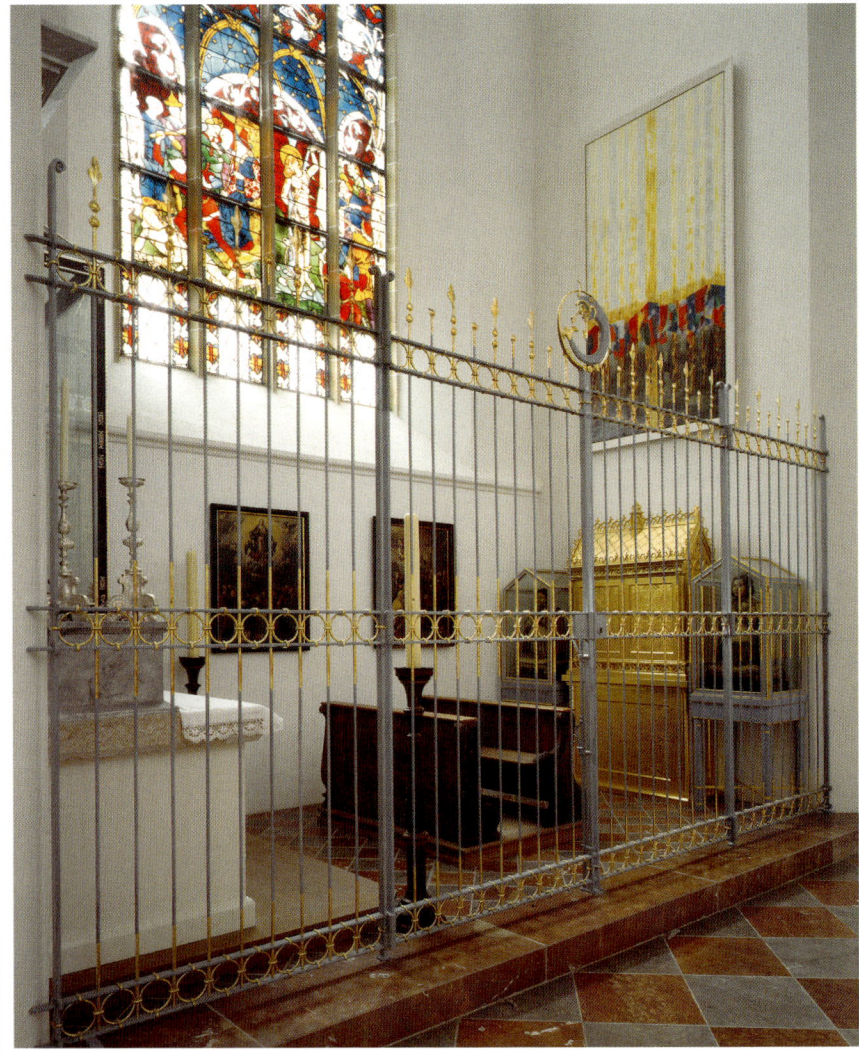

tes original (11. Jahrhundert mit Er-
gänzungen aus dem 13. Jahrhundert),
der Mantel des Heiligen ist um 1100
zu datieren. Seitlich des Schreins, der
den Mantel birgt, stehen zwei Wachs-
votivfiguren, Porträts der Kurprinzen
Ferdinand Maria (1640, vierjährig)
und Maximilian Philipp (1644, fünf-
jährig), die den Heiligen verehren. Als
Retabelgemälde fungieren jene beiden
Malereien, die auch schon im Kontext
des Bennobogens den Reliquien zuge-
ordnet waren: die Gemälde des hl.
Mauritius (von Johann Rottenhammer
1604) und der Pietà (ebenfalls 1604
von Hans Krumpper).

20 Taufkapelle

Die ursprüngliche Verwendung der im
späten 17. Jahrhundert zur Trauungska-
pelle umgewandelten Taufkapelle (s. 1)
ist heute wieder aufgegriffen. Neben
dem im Zentrum stehenden Rotmar-
mortaufstein zeigt dies auch das Gemälde der Taufe Jesu im Jordan, 1703 von
Melchior Steidl. Im Sockelbereich stehen zwei Skulpturen des hl. Johannes
des Täufers und des hl. Johannes Evangelist aus dem Umkreis des Meisters von
Rabenden. Aspekte der Tauftheologie
des 16. Jahrhunderts verbildlichen einige Gemälde aus der Nachfolge von *Hans
Mielich* an der Fensterwand.

Südliche
Seitenkapellen:
Kapelle 22
Geburt-Christi-Kapelle
und Kapelle 23
St. Georgs- und
Margaretenkapelle

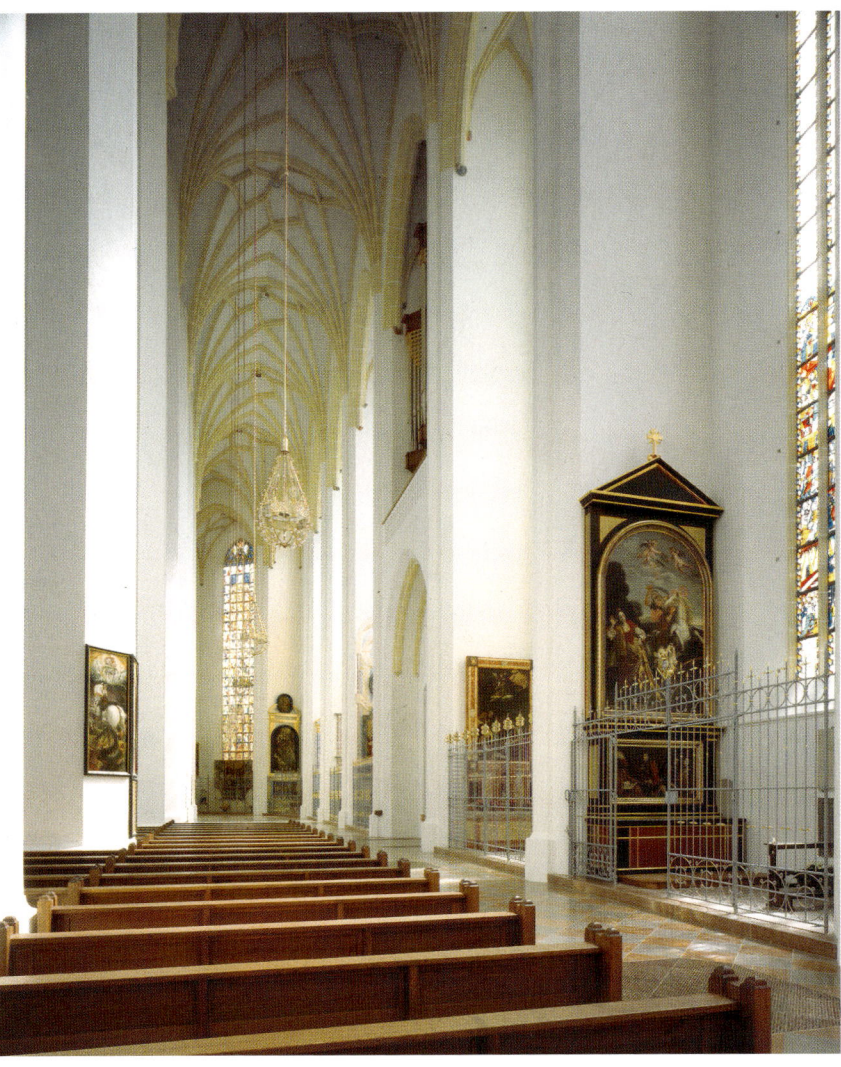

21 Brautportal und Andreas–Chor

Die Türe, die den Treppenaufgang zur Empore abschließt, zeigt den Marientod. Sie ist das um 1610 entstandene Werk eines Münchener Bildhauers. Darüber stellt ein spätmittelalterliches Relief die Aufnahme Mariens in den Himmel dar.

22 Geburt-Christi-Kapelle
der Familie Püttrich

Den im 17. Jahrhundert gegebenen Weihetitel der Kapelle illustriert das um 1650 durch den kurfürstlichen Hofratspräsidenten nach München gebrachte farbenprächtige Gemälde „Anbetung der Hirten" von *Cesare Fracanzano*

(Zuschreibung), gemalt um 1640 in Neapel. Im Sockel des Retabels ist eine 1732/33 von *Franz Anton Bettle* gefertigte silberne Reliquienbüste des hl. Antonius von Padua verwahrt. Gegenüber hängt über dem Bronzeepitaph zu Ehren von Julius Kardinal Döpfner, einem beeindruckenden Meisterwerk des Münchener Bildhauers *Hans Wimmer* von 1981, Paolo Piazzas „Enthauptung des hl. Paulus" von 1605, das Gegenstück zu Piazzas Petersmartyrium in der gegenüberliegenden Kapelle (s. 8). Drei Bronzereliefs verweisen auf die Bistumsheiligen unserer Zeit: die seligen Kaspar Stangassinger und

Seite 39:
Kapelle 22
Geburt-Christi-Kapelle:
Altarblatt der
„Anbetung der Hirten"
von Cesaro Fracanzano,
um 1640

Maria Theresia von Jesu Gerhardinger nehmen den „Münchener Apostel", den seligen Pater Rupert Mayer in die Mitte.

23 Georgs- und Margaretenkapelle der Familie Ligsalz, später auch der Bäckerinnung

Der hl. Georg Johann Ulrich Loths, ein kurz nach 1630 entstandenes Retabelgemälde, wird mit großem barockem Gestus mit Hilfe des Drachenmotivs mit der Patronin der Kapelle, der hl. Margareta, in Verbindung gebracht. Gegenüber ist der hl. Nikolaus zu sehen, der Schutzheilige der Bäcker, im Bildwerk eines Münchener Meisters um 1520. Darüber erinnern Totenschilde an Mitglieder der Familie Ligsalz. Am Schiffspfeiler vor der Kapelle hängen drei Tafeln von Hans Mielich – „Der Auferstandene über Tod und Teufel", „Hl. Paulus", „Hl. Martin" – vom Epitaph des Wolfgang Ligsalz, Hauptwerke der Münchener Malerei des 16. Jahrhunderts.

24 Kapelle Mariä Verkündigung des Freisinger Domherren Vinzenz Pair

1645 stiftete der Hofkammerpräsident Johann Freiherr von Mandl der Kapelle einen neuen Altar, dessen Gemälde bei *Joachim von Sandrart* in Auftrag gegeben wurden. Das Oberbild zeigt den Moment der Verkündigung, die Predella die Patrone des Stifterehepaars, Johannes und Cäcilia, vor der 1638 aufgestellten Mariensäule auf dem Schrannenplatz, dem heutigen Marienplatz. An der Fensterwand befindet sich der ehemalige Gruftdeckel der Stifterfamilie.

25 Bartholomäus- und Veitskapelle der Familie Stupf

In den Jahren 1391 und 1393 wurde die Kapelle im Vorgängerbau mit Stiftungen versehen, im Jahr 1480 im heutigen Bau. 1627 erhielt die Kapelle ein neues Retabel, gefertigt vom Kistler Johann Sailer, besetzt durch ein Retabelgemälde des Hofmalers *Wilhelm Schöpfer*, das das Martyrium des Titularheiligen zeigt. Auf dem Sockel des Retabels steht eine bedeutende Pietà aus gefasstem Sandstein, geschaffen von einem Salzburger Meister in der Zeit um 1400, ein hochrangiges Werk des internationalen Weichen Stils.

26 Arsatiusportal

27 Kapelle der hll. Laurentius, Margarete, Wolfgang und Sigismund

Neben einigen Epitaphien befand sich in der Kapelle ein 1959 vom katholischen Adel gestiftetes Bildwerk der Maria Immaculata, heute am ersten nördlichen Pfeiler des Langhauses.

28 Wittelsbacher-Kenotaph

Vor der Kapelle (27) besetzt heute das große Kenotaph der Wittelsbacher – ein prachtvoller Memorialbau als Hinweis auf deren alte und edle Abstammung – fast die gesamte Fläche des südwestlichen Seitenschiffjochs. Kaiser Ludwig der Bayer (1294–1347) hatte im Chor des Vorgängerbaus

Kapelle 22
Geburt-Christi-Kapelle:
Altarretabel mit
Anbetung der Hirten
von Cesare Fracanzano,
um 1640

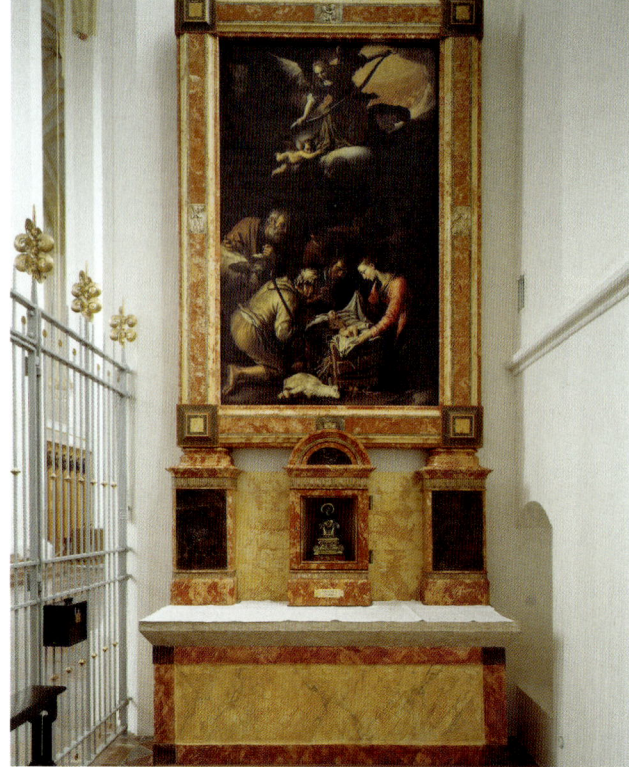

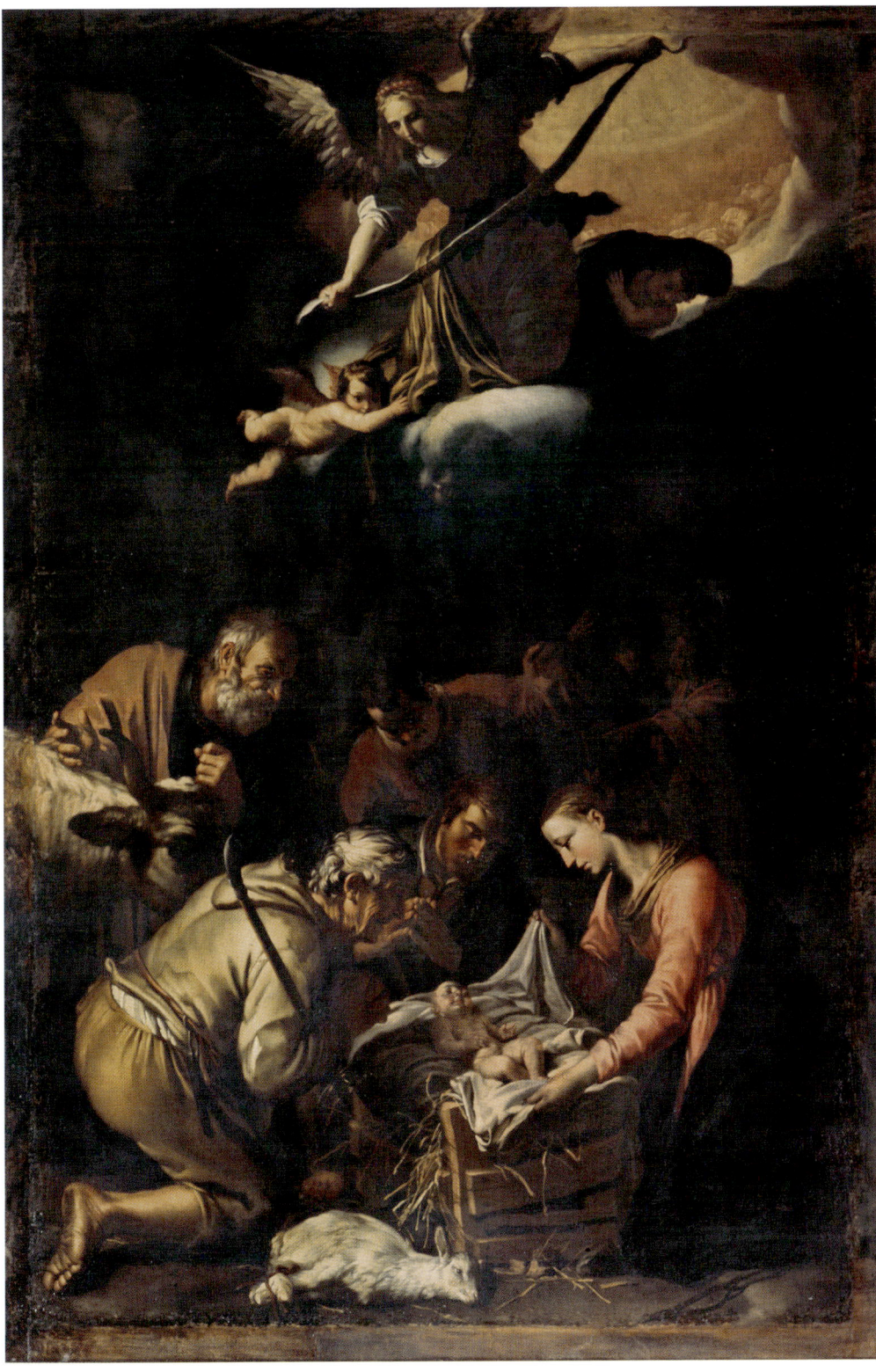

Zu Kapelle 27
Kapelle der hll.
Laurentius, Margarete,
Wolfgang und
Sigismund: Kenotaph
Kaiser Ludwigs des
Bayern, Detail:
Seitenansicht des
Kopfes des liegenden
Kaisers Ludwig
des Bayern (oben),
Kenotaph Kaiser
Ludwigs des Bayern,
Gesamtansicht nach
Osten, von
Hans Krumpper,
1619/22 (unten)

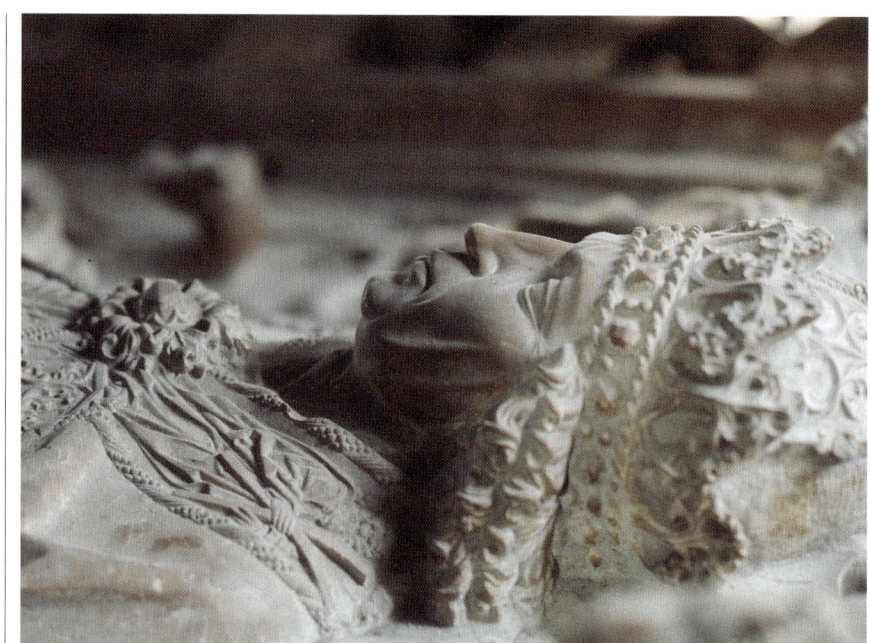

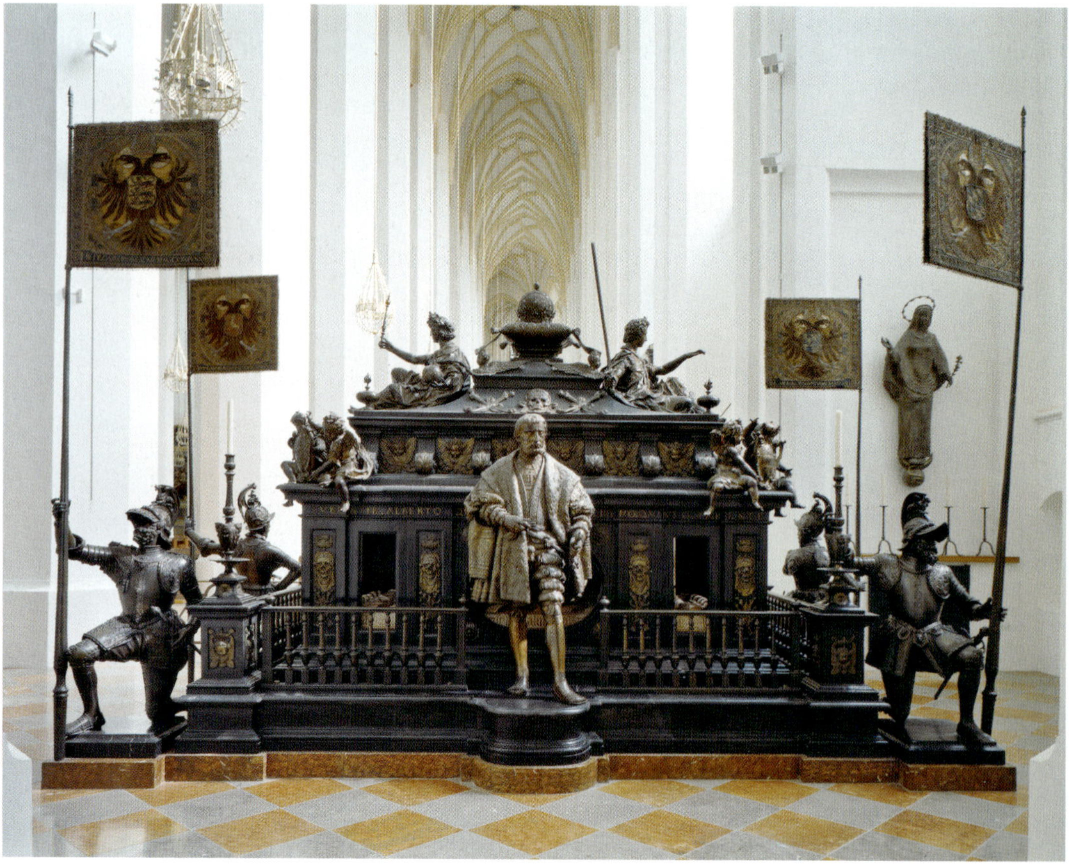

seiner Gattin Beatrix ein Hochgrab errichten lassen (s. 31). Um 1490 veranlasste Herzog Albrecht IV. (1465–1508) eine Ersetzung dieses Grabmals im heutigen Bau an analoger Position. Die Deckplatte des neuen Grabs zeigt die Versöhnung der Herzöge Ernst (1397–1438) und Albrecht III. (1438–1460) – Vater und Sohn, entzweit durch die von Ernst initiierte Ertränkung der Agnes Bernauer – vor dem Majestätsbild Ludwigs des Bayern. Dieser Gedenkstein bildet den Mittelpunkt des Monuments, das Herzog Maximilian I. (1598–1651), der spätere Kurfürst, im Jahr 1622 darüber aufführen ließ. Um den Gedenkstein erhebt sich ein Aufbau aus reliefierten Pilastern, welche einen gestuften Deckel tragen. Auf dem Deckel sitzen vor der Kaiserkrone Genien, die die gute Herrschaft in Kriegs- wie in Friedenszeiten symbolisieren, sowie Engel mit Wappenschilden. Vier ursprünglich für ein unausgeführtes Grabmal Herzog Wilhelms V. (1579–1598) in der Michaelskirche gegossene Standartenträger in Rüstung bewachen die Ecken des Kenotaphs. An den Längsseiten blickt in Richtung Westen ein Standbild Herzog Wilhelms IV. (1508–1550), in Richtung Osten eines Albrechts V. (1550–1579). Das Grabmal stellt größtenteils das Werk des Bildhauers Hans Krumpper und des Gießers *Dionysius Frey* dar.

29 Sendlingerkapelle
unter dem Südturm
Wie schon im Vorgängerbau war der Altar unter dem südlichen Turm von der Münchener Patrizierfamilie Sendlinger gestiftet worden. Heute ziert die Kapelle das ehemalige Altarbild mit den hll. Ulrich und Maria Magdalena sowie der Grabstein einer Katharina Sendlinger aus der Zeit um 1380.

30 Presbyterium
Den siebenstufigen Aufgang zum Chorraum flankieren zwei Skulpturen auf Konsolen am siebten Pfeilerpaar: Nördlich platziert ist die steinerne

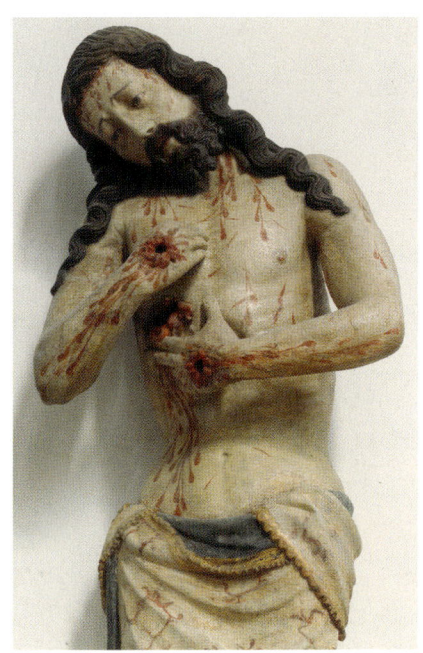

Figur des Auferstandenen von einem süddeutschen Meister um 1320, südlich eine Maria mit dem Kind, die Arbeit eines Passauer Holzbildhauers aus der Zeit um 1520. Im achten Mittelschiffjoch steht *Elmar Hillebrands* Hauptaltar von 1993 (von Hillebrands Hand sind auch der Ambo, das Chorgestühl, das Chorgitter, die Chorschlusswand und die Kathedra), darüber hängt das mächtige Chorbogenkreuz von *Josef Henselmann* aus dem Jahr 1954. Das in die beiden Pfeilerreihen gestellte neue Chorgestühl der Frauenkirche und die neu entwickelten Chorgitter integrieren im Krieg erhalten gebliebene bildhauerische Elemente und Skulpturen des alten spätgotischen Chorgestühls von Erasmus Grasser 1502. Das Figurenprogramm aus zahlreichen Büsten, Statuetten und Reliefs verbildlicht die Aufgaben des Kollegiatstifts, Chorgebet (Apostel, Propheten und Stammväter als Repräsentanten für das apostolische und prophetische Credo), Glaubensverkündung (Evangelisten und Paulus) und Lehre (Kirchenväter). Der stark zunehmenden Marienverehrung Rechnung tragend wurde das ikonographische Programm 1774 durch zwölf (ehemals 16) vergoldete Schnitzreliefs mit Szenen aus dem Marienleben von Ignaz Günther um mariologische Aspekte erweitert. Günthers Reliefs sind heute beidseitig der zentralen Säule in der Chorschlusswand angebracht. Auf der Säule bildet den Flucht-, thematischen Höhe- und Hauptpunkt der Münchener Frauenkirche die 1780 ursprünglich für den Schalldeckel der damaligen Kanzel vom Münchener Bildhauer *Roman Anton Boos* ausgeführte Figur der Maria Immaculata.

31 Krypta

In die Krypta gelangt man über eine Treppe hinter der Chorschlusswand, deren Rückseite Teile des sog. Memminger Altars der *Gebrüder Strigel* von 1500 zeigt, den die Priesterbruderschaft nach der Umgestaltung des Doms 1860 aus Memmingen erwarb. Darunter stehen die Seitensteine des 1322 gefertigten und 1945 bei Grabungen im zerstörten Dom geborgenen Hochgrabs der Beatrix von Glogau (um 1290–1322), der ersten Frau von Kaiser Ludwig dem Bayern. In der Krypta der Frauenkirche liegt Beatrix' Gatte mit vielen weiteren Wittelsbachern (bis zum letzten bayerischen König, Ludwig III.), Stiftskanonikern sowie den Erzbischöfen von München und Freising (Michael Kardinal Faulhaber, Joseph Kardinal Wendel und Julius Kardinal Döpfner) begraben. Der minimalistische Raum aus Ziegelsichtwänden und Sichtbetonbalkendecke entstand 1971 anstelle einer Krypta aus Zeiten des Wiederaufbaus. In der südlichen Wand befindet sich der Eingang zur gewöhnlich nicht zugänglichen Kapitelgruft, wo seit Ende des 17. Jahrhunderts rund einhundert Personen bestattet wurden: Stiftskanoniker, Mitglieder des Münchener Patriziats und des Adels haben hier ihre letzte Ruhestätte gefunden, ebenso die Erzbischöfe bis zum Jahr 1917. Als Altarbild fungiert seit 1977 das Passionstriptychon *Karl Caspars* von 1916/17, einem wichtigen Beispiel für qualitätvolle Adaptionen des Expressionismus am Anfang des 20. Jahrhundert in die Malerei religiöser Thematik.

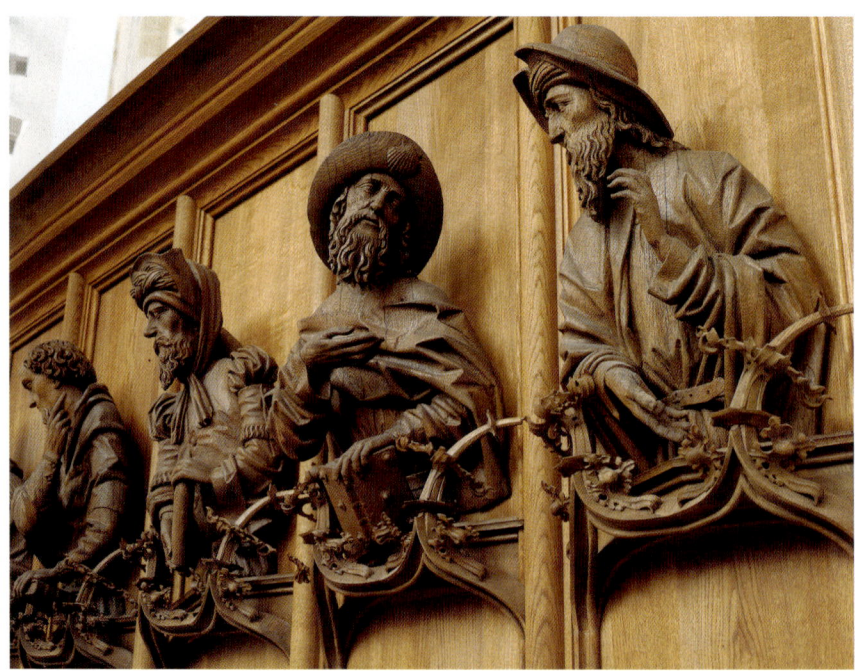

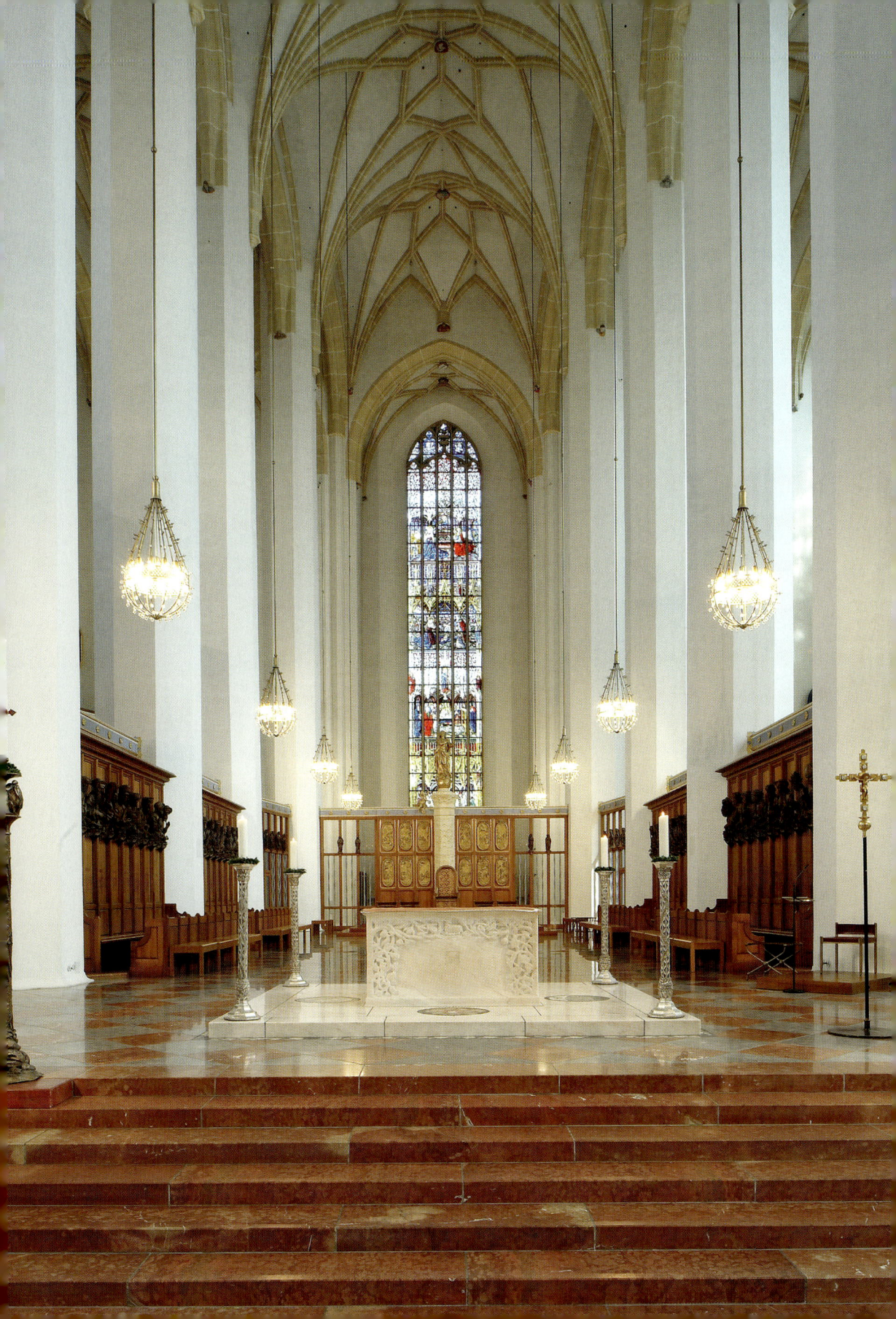

Norbert Jocher

Die Ausgestaltung der Frauenkirche nach 1488, nach 1601 und nach 1861

Das Innere der Frauenkirche bestimmte und bestimmt vier maßgebliche Ausgestaltungskampagnen. Die erste Einrichtung des Bauwerks erfolgte im Zuge von dessen Neubau im 15. Jahrhundert, teilweise mit Übernahmen aus der Vorgängerkirche; die zweite zwischen 1601 und 1622 änderte das Erscheinungsbild des Inneren durchgreifend; die dritte, 1861 abgeschlossen, revidierte als umfassende neugotische Ausstattung die zweite; die vierte schließlich – durch die großen Kriegszerstörungen bedingt – zog sich hinein bis in die 1990er Jahre und hatte zum Ziel, die unterschiedlichen Zeitstufen des Inneren durch Rückgriff auf historische und ikonologische Bezüge wiederherzustellen. Im heutigen Dom sind Objekte aus sämtlichen seiner Epochen der letzten 500 Jahre vorhanden, arrangiert in Anlehnung an frühere Redaktionen des Raums, diese eng verbunden mit den Altarpatrozinien und Stiftungen.

Die Gestaltung der Erstausstattung, vor allem die des Chorbereichs, zeigt eine Stichfolge von *Nikolaus Solis*, erstellt aus Anlass der Hochzeit Herzog Wilhelms V. im Jahr 1568. Zu erkennen ist, dass zwischen dem ersten Chorpfeilerpaar einst ein Kreuzaltar situiert war, der zusammen mit zierlichen Gittern, die zwischen Kreuzaltar und Pfeiler verliefen, den Gemeinderaum vom Chorraum abtrennte. Das Retabel des Kreuzaltars bestand aus einer Wand, die im oberen Bereich rundbogig durchbrochen war und in zierlichem Gesprenge endete. Vor der Wand stand eine große Kreuzigungsgruppe, flankiert von einem Heiligenpaar und Engeln. Auf dem Altar befand sich der Schrein mit den Reliquien des hl. Arsatius (s. 16). Vor dem ersten Chorpfeilerpaar erhoben sich zwei Flügelaltäre, deren Kästen Skulpturen enthielten. Wie heute waren die beiden Pfeiler mit Konsolfiguren besetzt. Der ursprüngliche Standort des Chorgestühls ist durch dessen jetzige Aufstellung ersichtlich (s. 30). Die Stiche zeigen, dass seinerzeit arkadenartige, sprengwerkgekrönte Baldachinreihen die Grasserschen Bildwerke überwölbten. Vor den Stufen zum Hochaltar war das Hochgrab Kaiser Ludwigs platziert (s. 28). Der Hochaltar im Chorhaupt wurde von einem großflächigen Retabel hinterfangen, gleichsam einer Retabelwand, die im Zentrum Gabriel Anglers Hochaltargemälde enthielt, das aus dem Vorgängerbau übernommen war. Auch damals ‚endete‘ das Innere in einer Marienfigur, diese jedoch nicht aufgestellt auf einer Säule, sondern vom Gewölbe herabhängend, über dem Grabmal, unterhalb eines Lüsters und Engeln, die die Kaiserkrone tragen. Ersichtlich wird, wie deutlich die dynastiepolitische Manifestation der wittelsbachischen *memoria* artikuliert war. Die *memoria*, die Erinnerung oder das Gedenken, bestimmte auch den restlichen Kirchenraum, dessen Erscheinungsbild zwar nicht überliefert ist, das man sich aber mithilfe verschiedener überlieferter Stiftungen und Epitaphien erarbeiten kann: Sämtliche Kapellen und Pfeiler des Doms waren – ohne ein zugrunde liegendes Planungskonzept – mit Bildwerken aller Art versehen, die an ihre Auftraggeber erinnern bzw. mit welchen sich ihre Auftraggeber in der größten Münchener Kirche ins Gedächtnis der Stadt und ihrer Bürger einschrieben. Der Dom war eine Art Bild der Stadt. Die Stiche zeigen, dass der obere Bereich des Bauwerks, sein klar strukturiertes Gewölbe, eine sehr helle Fassung besaß. So wölbte sich

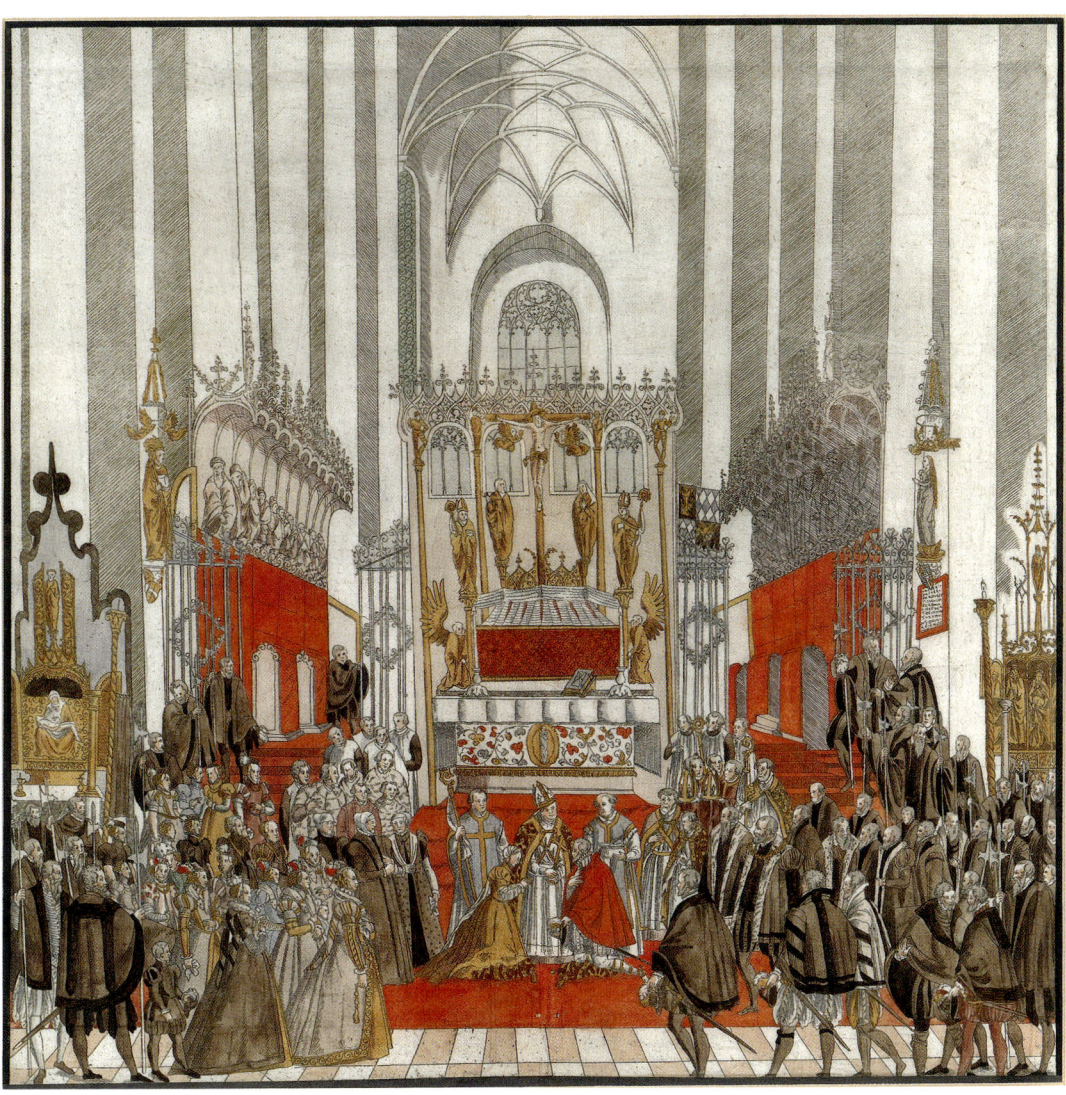

Hochzeit Wilhelm V.
mit Renata von
Lothringen in der
Frauenkirche mit Blick
auf verhängtes
Chorgestühl und die
Altäre, kolorierte
Radierung von
Nikolaus Solis, 1568

hoch über dem bunten und vielteiligen Abbild des städtischen Lebens
eine lichterfüllte Einheit.
Die Umgestaltungsmaßnahme des frühen 17. Jahrhunderts begann in dessen
erstem Jahr mit der völligen Auswei-
ßung (größtenteils finanziert von den
Herzögen Wilhelm und Maximilian)
des Kirchenraums, ohne Rücksicht auf
Fresken oder farbige Fassungen. Vorbild für die neue weiße Raumschale
war die hochmoderne, 1597 vollendete
Michaelskirche. In die optische Verein-
heitlichung des Raums der Frauenkirche hinein erfolgte dann eine durch-

greifende Monumentalisierung der
Ausstattung, der zahlreiche Stücke der
ersten Raumgestaltung zum Opfer fie-
len. Stift und Hof hatten die Federfüh-
rung bei der Umgestaltung inne, die
einerseits als deutliches gegenreforma-
torisches Zeichen der beiden Institutio-
nen gesehen werden muss, und ande-
rerseits als ein Ausdruck des stetig
steigenden Repräsentationsbedürfnis-
ses der bayerischen Herzöge, das unter
anderem verlangt, dass wirkungsvolle
und überzeugende künstlerische Werke
die Bedeutung und den Ruhm des Herr-
scherhauses, aber auch dessen Verwur-

Frauenkirche
von Nordwesten;
Entwurf von Ludwig
Lange zum Umbau
der Fassade, Stahlstich
von Joseph
Maximilian Kolb

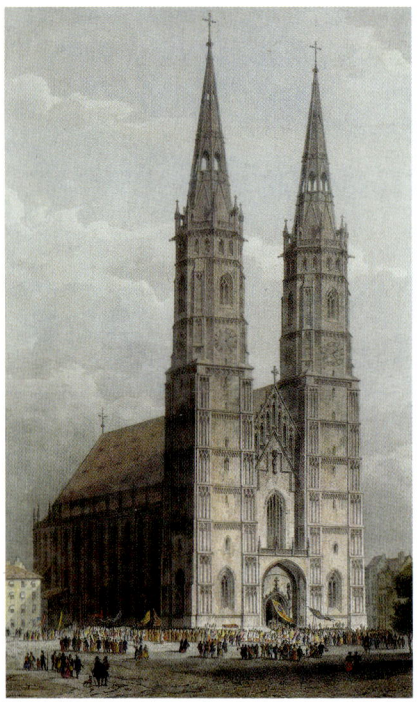

wohnen konnten. Der Einbau von Emporen ist der deutlichste Ausdruck dafür, dass die Frauenkirche zunehmend vom Hof für repräsentative Zwecke genutzt wurde. Die Mitglieder der herrschenden Dynastie zeigten sich hier als Bewahrer des katholischen Glaubens und, was damit in Verbindung steht, Herrscher von Gottes Gnaden. Ganz in diesem Sinne muss auch der Ausbau des Kaisergrabmals – das ja in unmittelbarer Nähe zum sakralen Zentrum des Doms aufgestellt war – zum dynastiebezogenen Memorialbau gesehen werden (s. 28).

In der Mitte des 19. Jahrhunderts führt ein nationalistisch verklärtes Mittelalterbild zur dritten grundsätzlichen Umgestaltung des Doms. 1852 richteten Münchener Beamte, Bürger, Künstler und Gelehrte eine Petition an den Erzbischof, in der man ihn darum bat, alles „Fremdartige, Störende und Baustylwidrige" aus dem Dom entfernen zu lassen, womit die als ‚italienisch' (‚welsch') und, aus deutschtümelnder Sicht noch schlimmer, ‚französisch' verstandenen Elemente der Umgestaltung des frühen 17. Jahrhunderts gemeint waren. 1857 heißt es dann in einem „Aufruf zur Restoration der Domkirche U.L.F" so: „Während allenthalben um uns die Dome und Kirchen Deutschlands in neuer Schönheit durch den frommen Sinn der Gegenwart entstehen [im Zuge der neugotischen Bauwelle], trauert noch die Mutterkirche des Erzbisthums, die Domkirche zu U.L.F., verunstaltet durch die Zuthaten eines fremdartigen Geschmacks." Die Frauenkirche sollte daher, um diesen traurigen Missstand zu beheben, nun endlich wieder ein deutscher Dom werden. Deutlichstes Zeichen dafür, wie man sich dieses ‚deutsch-Sein' vorstellte, sind Zeichnungen von *Ludwig Lange* aus jener Zeit: Gezeigt ist darauf eine Außenansicht der Frauenkirche, wobei die ‚welschen' Turmhauben durch Spitztürme mit Kreuzblumen ersetzt sind und über den Lisenen des Langhauses schlanke Fialtürmchen sitzen. Im Gegensatz

zelung in der katholischen Konfession sichtbar dokumentieren. Zentrales Element der neuen Frauenkirche war der dem Patron der Stadt geweihte sog. Bennobogen, der als antiker Triumphbogen fast die gesamte Mittelschiffsbreite überspannte und, da die mächtigen Stützen des Bogens um die Pfeilerpaare sechs und sieben herumgebaut waren, mehr als eine Jochtiefe einnahm (architekturgeschichtlich betrachtet steht der Bogen ganz in der Tradition der aufwändigen Festarchitekturen dieser Zeit, die als ephemere Triumphbögen und -pforten den Fürsten, Königen und Kaisern huldigten). Die ehemaligen Altäre an den Chorpfeilern integrierte man als Neuschöpfungen in die Westseiten der Bogenstützen (s. 8 u. 22). Zwischen den östlichen Bogenstützen kam ein neuer, die Arsatiusreliquie integrierender Kreuzaltar zur Aufstellung, im Chorbereich dahinter entstanden ebenfalls neu die Choraltäre, der mächtige Hochaltar mit Candids Retabelgemälden (s. 10 u. 11) sowie Emporen, in denen die Fürstlichkeiten den Gottesdiensten bei-

Blick vom Chor durch den Bennobogen zur Orgelempore, lavierte Federzeichnung

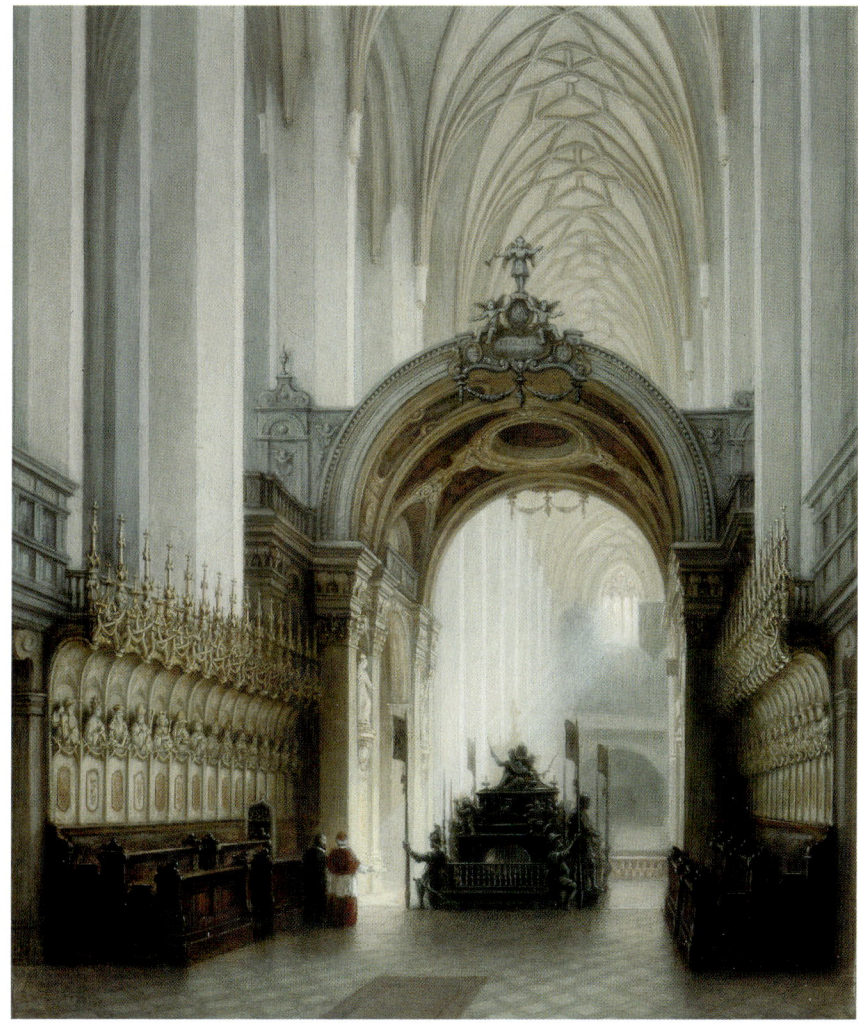

zum Außen blieb es im Inneren der Kirche nicht allein bei Zeichnungen. Fast alle Einbauten des 17. Jahrhunderts wurden zwischen 1858 und 1861 – ungeachtet großer Widerstände der Bevölkerung – radikal entfernt. Der Bennobogen musste weichen, ebenso der Kreuzaltar, der Hochaltar sowie die Kapellenaltäre. Die Altaraufbauten wurden als neugotische Interpretationen eines idealisierten Urzustands wiedererrichtet (wobei die Idealisierungen teilweise so weit gingen, dass erhaltene Stücke des 15. Jahrhunderts ‚Verbesserungen‘ erfuhren). Die Gewölbefelder erhielten eine himmelblaue Fassung mit goldenen Sternen,

die Kapellenwände und die Fensterlaibungen versah man mit ornamentalen Malereien. Der gesamte Innenraum wurde vereinheitlicht, wobei das Vorbild dafür weniger spätmittelalterliche Originalzustände waren, sondern im 19. Jahrhundert erstellte Visionen von ‚deutscher Gotik‘. Nach 1861 boten sich, mit Ausnahme des Wittelsbacher-Kenotaphs, das aus der Mitte in Richtung Westen gerückt wurde, sämtliche Ausstattungselemente des Doms als aus einem ‚Stil‘ bestehend dar. Das Dominnere versammelte nun fast ausschließlich Objekte, alt oder neu, die man als Ausdruck ‚gotischer‘ Kunst und Architektur gelten ließ.

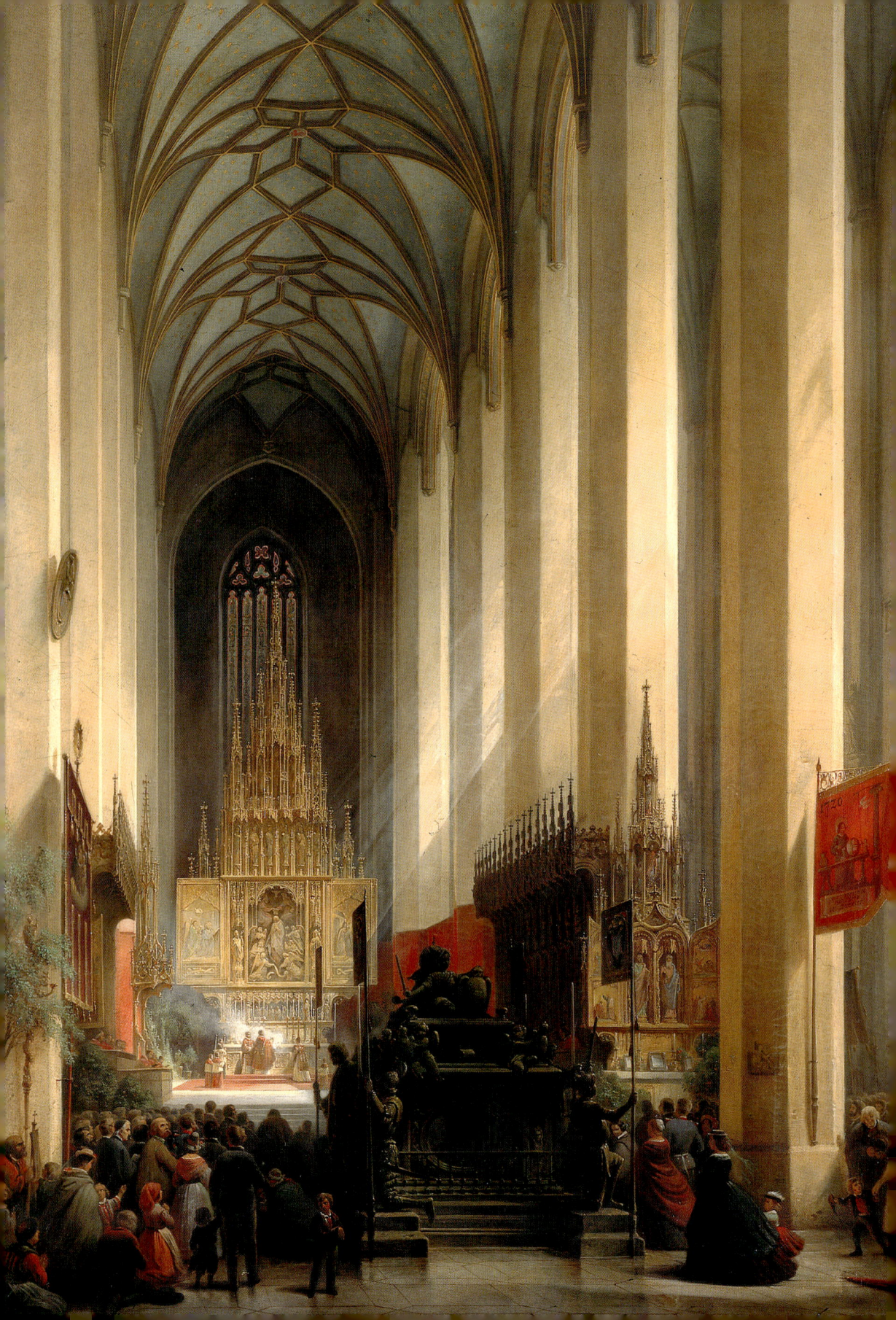

Hans Ramisch

Die Neufassung des Innenraums der Frauenkirche 1991 bis 1994

Unter Neufassung versteht man bei einem Kirchenraum die Erneuerung des farbigen Erscheinungsbildes der Raumoberflächen der Wände, Gewölbe und der sie gliedernden Elemente. Dass diese nicht in der Materialwirkung ihrer Baustoffe (Ziegel, Haustein) stehengelassen wurden, sondern gleich nach der Fertigstellung der Bauformen eine mehrfarbige Bemalung (Fassung) erhalten haben, weiß man bei spätgotischen Kirchenräumen häufig aus schriftlichen Quellen, etwa aus Baurechnungen. Sie sind zwar für die Frauenkirche selbst nicht erhalten, jedoch für die zeitgleichen Gewölbe des Freisinger Doms, die von demselben Bautrupp ausgeführt wurden wie die der Frauenkirche in München.

Es gibt aber für die Denkmalpflege, die Erscheinungsweisen historischer Bauten mit wissenschaftlichen Methoden erforscht, noch andere Erkenntnisquellen für farbige Raumfassungen: Sie sucht nach materiellen Resten, die spätere Überarbeitungen in aller Regel von der ursprünglichen Ausmalung und von allen nachfolgenden Neu- und Umgestaltungen am Bau selbst hinterlassen haben, und analysiert und dokumentiert diese Spuren bis hinein in die Feinstruktur ihrer Farbstoffe und Bindemittel. Erst die genaue Kenntnis dieser Fakten erlaubt es, die Abfolge aller Farbgestaltungen aufzuzeigen, die ein Raum im Laufe jahrhundertelanger Nutzung immer wieder neu und verändert erfahren hat und die der Frage zugrunde gelegt werden kann, ob eine dieser historischen Fassungen oder eine neu erfundene dem Raum in seiner aktuellen historischen Situation angemessen sein kann. Die Entscheidung darüber steht in engem Zusammenhang mit der Wertung der Bedeutung des

Kunstraumes selbst, seines künstlerischen Ranges, seiner baulichen Einheitlichkeit und seiner Ausgestaltung, etwa mit der Qualität der Tageslichtbeleuchtung durch wasserhelle oder farbige Fenster, mit der formalen Gestaltung und den Farboberflächen seiner Ausstattung mit Mobiliar und beweglichen Kunstwerken.

Bei der jüngsten Ausmalung der Frauenkirche in den Jahren 1991 bis 1994 wurde eine farbige Neufassung des Raumes durchgeführt, die sich so weit als möglich an die Vorgaben hielt, die sich über die von *Jörg von Halspach* bis 1488 selbst durchgeführte Ausmalung gewinnen ließen. Sie hatte sehr helle, leicht ockerfarben gebrochene Wandfarben, lichtgraue Gewölbesegel und aufgemalte Gliederungselemente in einem hellen Ockerton. Buntfarbig hervorgehoben waren die figurativ gestalteten Gewölbekonsolen und Schlusssteine.

Die nicht gegliederten Wand- und Pfeilerflächen geben Projektionsflächen für das farbige Licht ab, das vor allem von Süden durch die vielfarbigen Glasgemäldeflächen in den Raum fällt, und erzeugen zusammen mit den kristall-ähnlich gebrochenen Formen den Eindruck einer irreal buntfarbig leuchtenden Architektur. Sie kann als sichtbarer Gedankenansatz für jene seit dem 4. Jahrhundert nachweisbare Assoziation des gebauten Kirchengebäudes mit dem von Johannes in der Apokalypse geschilderten „Himmlischen Jerusalem" gelten, das als Ort der himmlischen Liturgie Vorbild für die Orte der irdischen Liturgie ist. Zu einer solch allegorischen Interpretation gebauter Kirchenarchitektur fügt sich der immaterielle Charakter der aufgemalten Steingliederung des Raumes und auch die weitgehende Auflösung der seitlichen Raumgrenzen, von denen

Seite 48:
Wiedereinweihung
der Frauenkirche
am Fronleichnamstag
1861 nach der
Neugotisierung,
Wilhelm Gail, 1863

Seite 50/51:
Deckengewölbe Chor

49

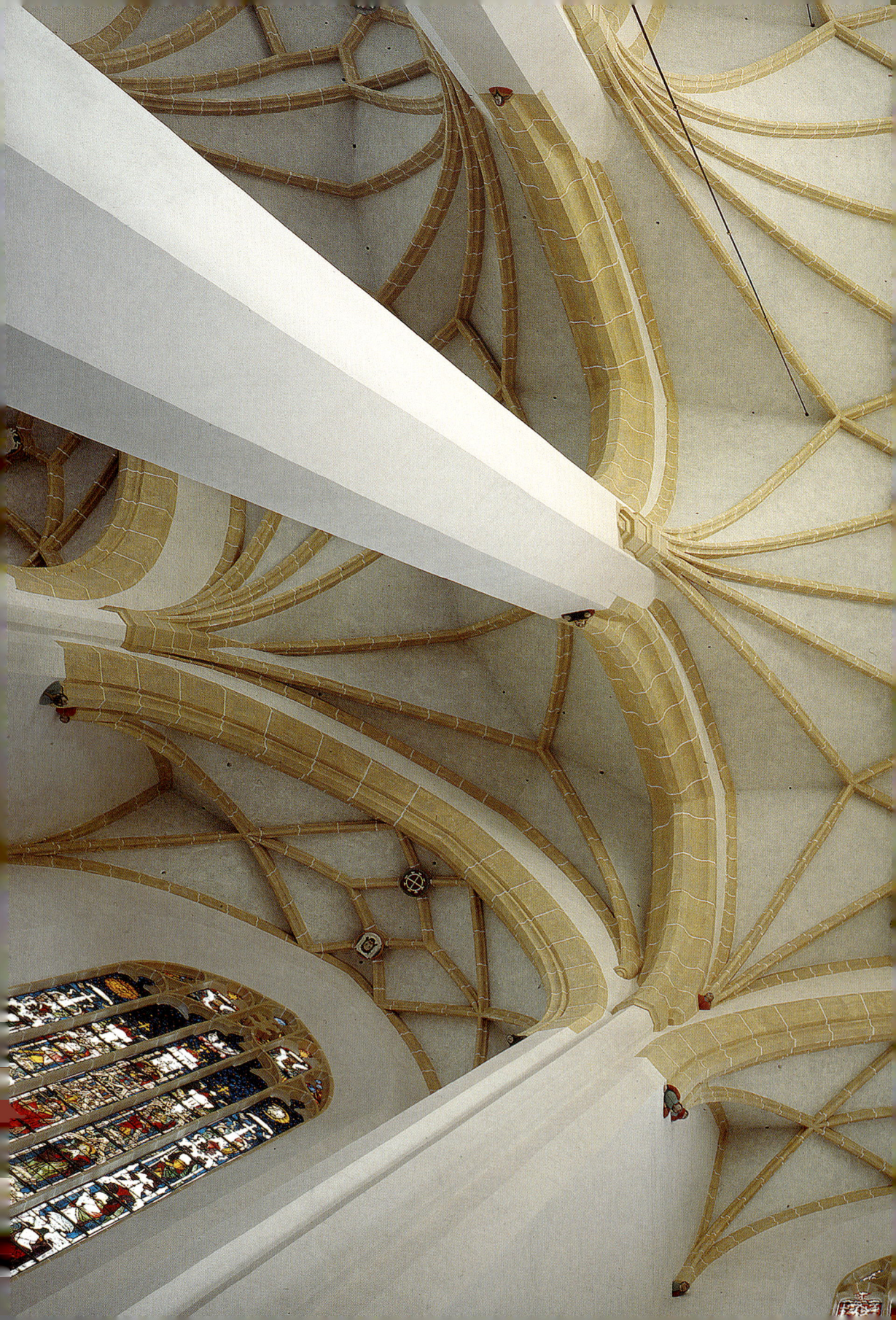

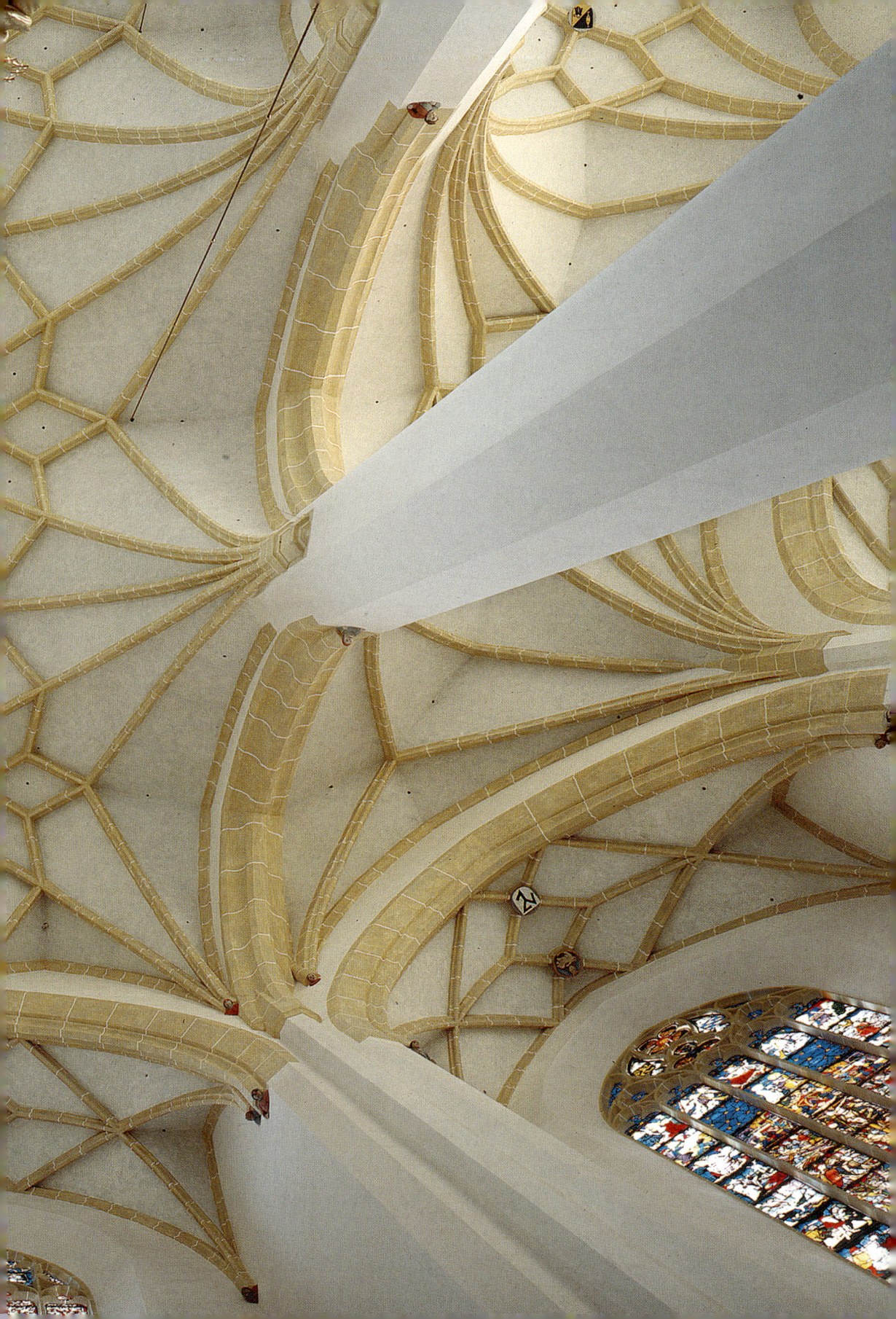

neben den bis zum Boden geführten Gewölbediensten der Seitenschiffe nur rudimentäre Restflächen stehengelassen sind, die so viel Platz wie möglich für die außen angefügten raumhohen Kapellen lassen und so auch hier die gebaute Form optisch reduziert.

Hans Ramisch

Das Projekt für die künstlerische Ausstattung der Frauenkirche zum Jubiläumsjahr 1994 und die Restaurierung der dazu verwendeten Kunstwerke aus dem historischen Bestand

Das Metropolitankapitel prüfte 1989 drei Konzepte für die neue künstlerische Ausstattung der Frauenkirche:

1. Verzicht auf jegliche künstlerische Ausstattung des Raumes mit Ausnahme der vorhandenen Glasgemälde,
2. Ausstattung mit zeitgenössischen Kunstwerken und
3. Rückführung der Kunstwerke aus den verschiedensten Zeiten der Ausstattungsgeschichte, immerhin an die 400 Objekte, die an zahlreichen Verwahrungsorten vorhanden waren und die ohnehin dringend konserviert und restauriert werden mussten.

Eingehende Diskussionen über die Vor- und Nachteile der drei Konzepte und die Erfahrung der Sinn- bzw. Aussichtslosigkeit der Durchführung der beiden ersten Varianten führten schließlich dazu, dem Vorschlag des Kunstreferates im Erzbischöflichen Ordinariat zu folgen und als objektives Kriterium für die Anordnung der Kunstwerke die Orte ihrer ursprünglichen Stiftungen vorzusehen, um so die Überlieferungsdimension der Gemeinschaft der Gläubigen („communio sanctorum") der Ortskirche sichtbar zu machen: die Gemeinschaft der Lebenden, vertreten im Chorbereich durch Erzbischof, Altardienst und Kapitel, im Kirchenschiff durch die Gemeinde, und im Kapellenbereich die Gemeinschaft der Verstorbenen in den Grüften und ihren Epitaphien, sowie der Heiligen auf den Altären. Dieses Konzept hat nach Ausführung der Maßnahmen der frühere Erzbischof von München und Freising und jetzige Papst Benedikt XVI. in einer Predigt in der Frauenkirche seinen Zuhörern erläutert.

Dank zahlreicher Vorarbeiten ließen sich die Orte, für die die Gemälde, Bildwerke und Epitaphien, die von den Patriziern der Stadt, den Zünften, der Geistlichkeit und dem wittelsbachischen Hof gestiftet worden waren, bestimmen.

Es wurde beschlossen, auf Rekonstruktionen zu verzichten, die ohnehin mangels Unterlagen nicht möglich gewesen wären, sondern alles, was nicht original erhalten war, durch neu geschaffene Formen zu ergänzen, um den Zusammenhang der Werke untereinander und mit dem Kirchenraum neu herzustellen. Dazu bedurfte es neben formalen Erfindungen vor allem des Einsatzes künstlerischer Techniken, wie Farbfassung, Vergoldung usf.

Auch zeitgenössische künstlerische Beiträge sollten einbezogen werden. So widmeten sich Künstler und Restauratoren der formalen und farbigen Gestaltung von Bilderrahmen (*Rolf Gerhard Ernst*), von Altarretabeln (*Erwin Wiegerling* und Mitarbeiter), von gemalten Hintergründen (*Elmar Hillebrand*), schufen und stifteten z. T. zeitgenössische Werke der Malerei

Seite 53:
Kapelle 17
Rupertuskapelle:
Altarblatt von Johann Andreas Wolff, um 1680:
Der hl. Rupert weiht Maria das Gnadenbild

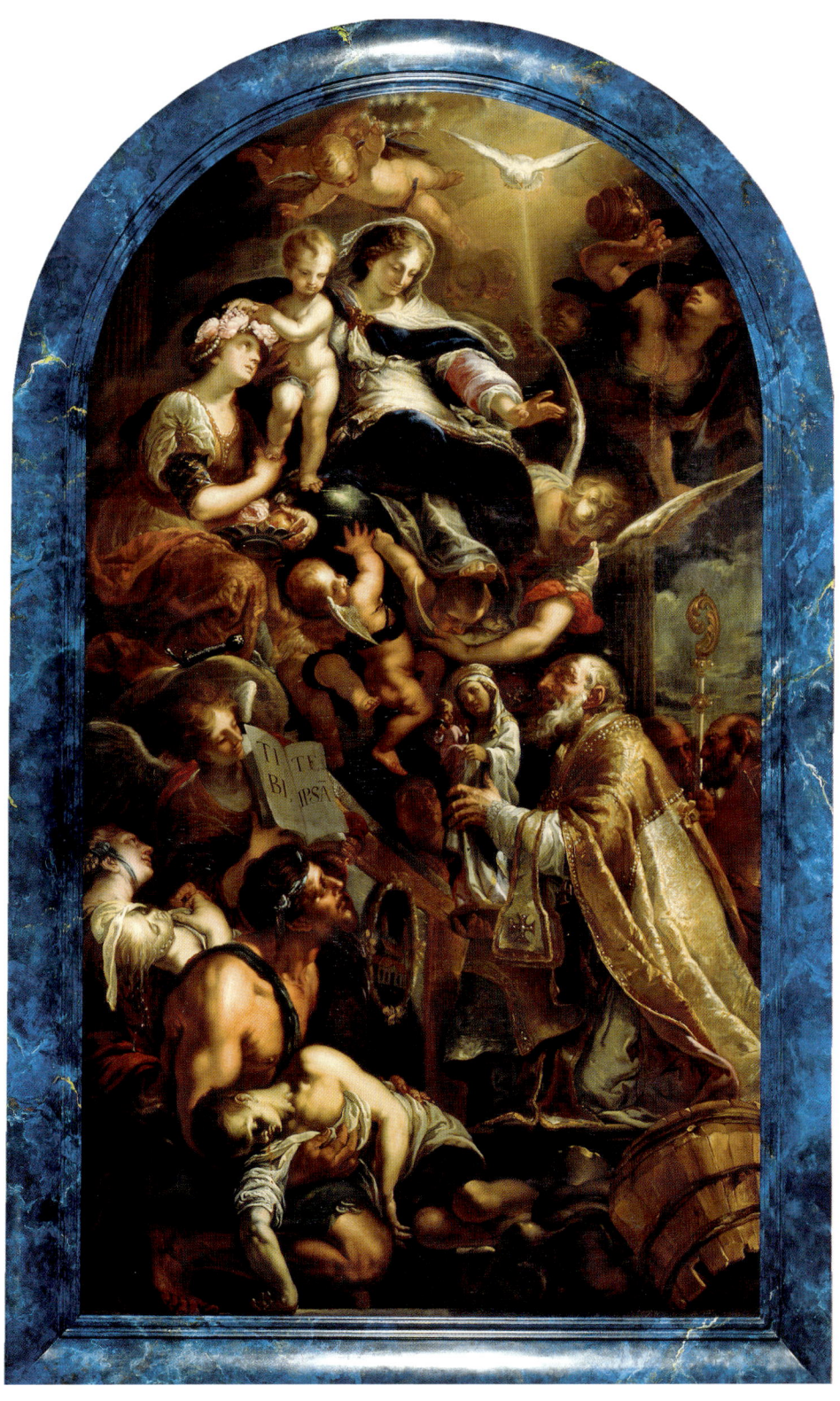

(*Nikolaus Hipp, Dietrich Stalmann*), der Bildhauerkunst (*Klaus Backmund, Joseph Alexander Henselmann, Elmar Hillebrand, Hans Wimmer, Wolfgang Wright*) und der Schmiedekunst (*Manfred Bergmeiste*r).

Die Restaurierung der zahlreichen Kunstwerke, die ihren ursprünglichen Anbringungsorten oft schon seit dem 19. Jahrhundert entfremdet gewesen waren, erwies sich als äußerst komplex. Allein ihre so große Anzahl machte den Einsatz zahlreicher Restauratoren nötig und forderte vom Auftraggeber, der Metropolitankirchenstiftung Zu Unserer Lieben Frau in München, rechtlich vertreten durch den Domdekan Prälat Dr. Gerhard Gruber und fachlich durch den Verfasser, ein großes Maß an organisatorischer und fachlicher Arbeit. Als Restaurierungsziel wurde ein Zustand angestrebt, der das jeweilige Werk so präsentieren sollte, wie dies in den öffentlichen Sammlungen und Museen üblich ist.

Durch das Entgegenkommen des Bayerischen Landesamts für Denkmalpflege konnten deren Restaurierungswerkstätten (Hauptkonservator *Dr. Michael Kühlenthal*, Leitender Diplomrestaurator *Erwin Emmerling*) die spätgotischen Monumentalplastiken der Annakapelle (12) instand setzen. Das Diözesanmuseum Freising (Museumsdirektor *Dr. Peter Steiner*, Restauratorin *Regina Bauer-Empl*) restau-

rierte die Chorgestühlsfiguren. Für alle anderen Restaurierungsarbeiten wurden von fachlich ausgewiesenen Restauratoren vergleichende Kostenangebote eingeholt und die günstigsten Angebote berücksichtigt. Die Aufsicht über die Durchführung der Restaurierungsarbeiten lag beim Verfasser.

Bei einem Rundgang durch die Kirche wird auf wichtige Restaurierungsprojekte hingewiesen:

Die **nördliche Turmkapelle (2)** birgt das einzige erhaltene neugotische Altarretabel der Frauenkirche. Seine ursprüngliche Farbgebung wurde freigelegt und ergänzt. Das zentrale Bildwerk, ein spätgotisches Relief der thronenden Muttergottes, erinnert mit seinem Stifterbild an den abgedankten Bischof von Freising und vorherigen Pfarrer der Frauenkirche, Johannes Tulbeck (1453–1473 bzw. 1436–1453), der sich vor dem Altar seiner Familienkapelle bestatten ließ. Die Fehlstellen der von der Münchener Bildhauerwerkstatt der *Haldner* geschaffenen Deckplatte seiner Tumba wurden in Stuckmarmor ergänzt.

Die **Kapelle der Hl. Drei Könige (5)** wurde von der Patrizierfamilie Barth bestiftet. Sie hatte hier auch ihr Erbbegräbnis, an das die restaurierten Totenschilde und die steinernen Epitaphien erinnern. Letztere wiesen starke Kriegsschäden auf und mussten instand gesetzt werden. Von besonderer

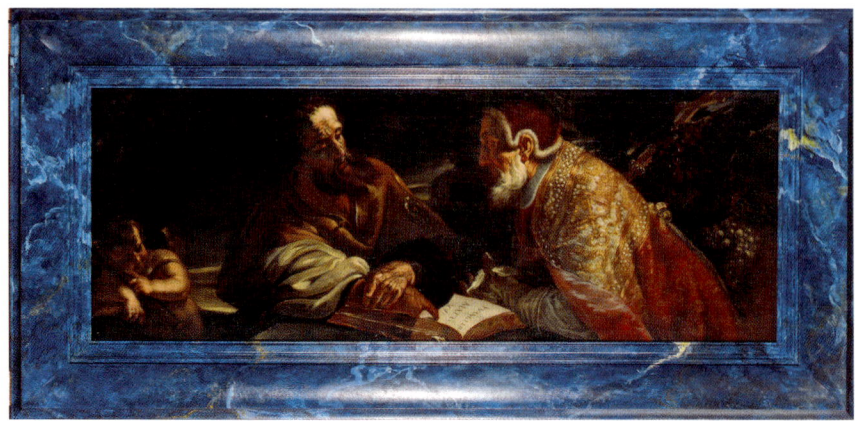

Kapelle 17 Rupertuskapelle: Predella zum Rupertaltar: hl. Jakobus der Ältere und hl. Urban, Johann Andreas Wolff, um 1690

Bedeutung sind die 1629 von *Johann Ulrich Loth* gemalten, hier wieder zusammengeführten Gemälde des Altarretabels. Sie präsentieren sich in ihrem lebhaften frühbarocken Kolorit. Die Bilder des um 1600 entstandenen Ecce-homo-Altars werden *Johann Rottenhammer* zugeschrieben. Ursprünglich unter dem Bennobogen angebracht wurden sie jetzt in der **Blasiuskapelle (7)** zusammengeführt. Auch sie mussten eingehenden Restaurierungsarbeiten unterzogen werden und erinnern nun wieder an ihren Stifter, den Patrizier Franz von Füll auf Windach.

Als Altarbild der **Sieben-Schmerzen-Kapelle (8)** der Priesterbruderschaft der Frauenkirche dient ein Gemälde, das die Bruderschaft 1838 im Kunsthandel erwarb. Der sog. „einsame Kruzifixus" gilt als Werk des *Anthonys van Dyck*. Um es diesem Platz und später dem neugotischen Altar anzupassen, wurde es zweimal angestückt und durch Übermalung dem Geschmack des 19. Jahrhunderts angepasst. In diesem Zustand fand es der Verfasser 1973 auf dem Dachboden. Es wurde 1983 für das Diözesanmuseum restauriert und dabei sein ursprüngliches Format und die originale Oberfläche wieder gewonnen. Die an der Westwand aufgehängten Gemälde der Kreuzigung Petri von *Paolo Piazza* und Christi mit dem Kreuz von *Hans Krumpper* befanden sich ursprünglich am nördlichen Altar vor dem Bennobogen. Sie hatte Herzog Maximilian I. von Bayern zusammen mit ihren Gegenstücken, einem hl. Paulus und Gottvater (Westwand der Kapelle 22) als Bekenntnis des Landes Bayern zur römischen Kirche in Auftrag gegeben. Über dem **Sakristeieingang (10)**, in der **Katharinenkapelle (11)** und in der **Rupertuskapelle (17)** sind die von *Peter Candid* um 1620 geschaffenen monumentalen Gemälde des barocken Hochaltars der Frauenkirche verteilt: die Verkündigung der Menschwerdung Jesu, die Aufnahme Mariens in den Himmel und das Oberbild Gottvaters

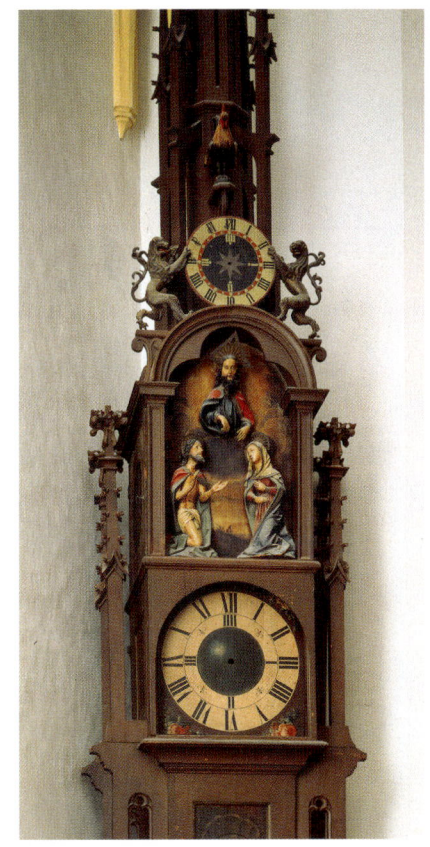

von der Vorderseite sowie das Vera Ikon und das Bild des auferstandenen Herrn von der Rückseite. Pläne zu ihrer Rückführung an den ursprünglichen Standort wurden schon unter Kardinal Faulhaber geprüft und erneut anlässlich der letzten Domrestaurierung aufgegriffen. Mehrere Projekte fanden jedoch nicht die Zustimmung einer Mehrheit der Mitglieder der Metropolitankirchenstiftung, sodass es bei der provisorischen Anbringung bleiben musste, die es immerhin erlaubt, die Hauptbilder der Vorder- und die der Rückseite gleichzeitig zu betrachten.

In der **Kapelle der Anna Selbdritt und Georg (12)** sind vier monumentale Hauptwerke der bairischen Bildhauerkunst des frühen 16. Jahrhunderts versammelt: der hl. Christophorus von *Hans Leinberger*, um 1525, die Mutter Anna Selbdritt von *Stephan Rottaler*, der hl. Rasso vom *Meister von Rabenden* und der hl. Georg von *Hans Lein-*

berger, alle um 1520 und virtuose Schnitzwerke mit alten Farbfassungen. Sie wurden wohl alle von Wittelsbachern in Auftrag gegeben und, wie schon erwähnt, vom Landesamt für Denkmalpflege restauriert.

Am **Beginn des Chorumgangs** steht die alte Kapitel-Uhr, deren bewegliche Figuren mit ihrem heilsgeschichtlichen Bildprogramm von *Erasmus Grasser* 1993 wieder in Funktion gebracht werden konnten.

Die **Chorhauptkapelle (15)** birgt in einem verglasten Schrein ein bekleidetes Mariengnadenbild aus Elfenbein, das 1659 die Bürger Münchens gestiftet haben. Es wurde nach langer Verbannung in Depots und sorgfältiger Restaurierung 1993 wieder an seinem alten Platz zur Verehrung aufgestellt.

Über dem **Eingang zur Krypta** wurde eine Anastylose der Seitenwände der Tumba Kaiser Ludwigs des Bayern von 1322 aufgestellt. Ihre originalen Teile wurden 1946 im Chor des Vorgängerbaues der Frauenkirche bei einer archäologischen Grabung gefunden.

In der nächsten **Kapelle (16)** ist die „Münchner Domkreuzigung" aufgestellt, eine monumentale Tafel, die vor 1440 in der Werkstatt *Gabriel Anglers* gemalt wurde und wohl vom Kreuzaltar des Vorgängerbaues stammt. Das 1496 entstandene Silberrelief des hl. Arsatius von *Hans Löffler* ist als Predella angebracht. Beide sind hoch bedeutende Werke und zugleich wichtige Zeugnisse der Frömmigkeit. Das Arsatiusrelief bildete die Vorderseite des Schreins des Heiligen, der bis ins 17. Jahrhundert auf dem Kreuzaltar der heutigen Frauenkirche stand.

Die eingehende Restaurierung des Bildes der Kreuzauffindung durch die hl. Helena von *Johann Matthias Kager*, 1608, und des Altarbildes des hl. Rupert von *Johann Andreas Wolff*, um 1690 in der folgenden **Kapelle (17)**, schuf die Grundlage für zwei Neuentdeckungen hochrangiger barocker Werke der Frauenkirche.

Der Altaraufsatz mit dem Reliquiar des hl. Johann Nepomuk in der nächsten **Kapelle (18)** und die Reliquienbüste des hl. Benno in der übernächsten **(19)** sind bedeutende Goldschmiedewerke des frühen 18. bzw. 17. Jahrhunderts und vertreten als selten erhaltene Werke ihrer Art (letzteres wurde von Bürgern der Stadt zu Beginn des 19. Jahrhunderts vor dem Einschmelzen bewahrt) eine ursprünglich sehr viel größere Zahl monumentaler Silberarbeiten, die zur Verehrung der Heiligen geschaffen worden waren.

Die Krümme vom „Stab des hl. Benno", ein ornamental geschnitzter Messergriff des frühen Mittelalters, ist das älteste Kunstwerk in der Frauenkirche und dürfte vom hl. Benno zeitlebens als solcher benutzt worden sein, bevor man ihn zusammen mit anderen persönlichen Andenken im 13. Jahrhundert in das Hochgrab des Heiligen im Dom zu Meißen einschloss und bei dieser Gelegenheit daraus die Krümme eines Bischofsstabes machte. Er wurde 1989 konserviert und gereinigt.

Einer Münchener Patrizierfamilie, den Mandl zu Deutenhofen, verdanken die Bilder der **Mariä-Verkündigungs-Kapelle (24)** ihre Entstehung. 1646 stiftete Hofkammerpräsident Johannes Mandl die Bilder und beauftragte den begehrtesten Maler seiner Zeit, *Joachim von Sandrart*, mit ihrer Ausführung. Das Sockelbild zeigt die Namenspatrone des Auftraggebers und seiner Frau, Johannes d. T. und Cäcilia, vor der Mariensäule und der Frauenkirche, das an Tizian orientierte Hauptbild die Verkündigung. Es war im Laufe der Zeit in eine andere Münchner Kirche gelangt und kehrte nun auf dem Tauschwege in die Frauenkirche zurück. Die 1982 durchgeführte Restaurierung lässt die Bedeutung beider Bilder neu erkennen.

Bevor der Besucher die Frauenkirche auf der Südseite oder durch das Hauptportal wieder verlässt, führt ihn sein Weg am **Kenotaph Kaiser Ludwigs** des Bayern vorbei. Es war im Auftrag Herzog Albrechts IV. zwischen 1468 und 1473 vom Münchener Bildhauer *Hans Haldner* als Marmortumba vor dem Hochaltar der neuen Frauenkirche errichtet worden. Diese hoch bedeutende spätgotische Arbeit bildet noch heute den Kernbestand der Anlage und kann durch die „Fenster" in dem frühbarocken Mausoleum wahrgenommen werden. Das Kenotaph gab 1617/18 Herzog Maximilian bei Hans Krumpper in Auftrag. Es hat eine komplizierte Entstehungsgeschichte und wurde im Verlauf der Planung und Ausführung mehrfach verändert. Ebenso bewegt ist sein Schicksal in den folgenden Zeiten: Ursprünglich über der Tumba Kaiser Ludwigs im Chor der Frauenkirche errichtet, wurde es dort Opfer der Verachtung der Kunst der Neuzeit durch die frühen nationalen Strömungen des 19. Jahrhunderts. Der Begründer der bayerischen Kunstgeschichte, Joachim Sighart, nannte es – heute völlig unverständlich – *„einen Bau, der die gothische Kirche in hohem Maße verunstaltet"* und forderte seine Entfernung. Soweit kam es dann 1858 auf Grund des Einspruchs des bayerischen Kö-

nigs nicht, doch wurde das Kenotaph von seinem Platz entfernt und im Mittelgang vor den Chorstufen neu aufgebaut. Als es dort weiterhin die Sicht auf den Hochaltar behinderte, versetzte man es erst unter die Orgelempore und dann an seinen jetzigen Standort am westlichen Ende des südlichen Seitenschiffs. Aus konservatorischen Gründen sollte es 1994 nicht noch einmal bewegt werden und verblieb deshalb an dem seiner Bedeutung nicht ganz adäquaten Standort. Sowohl der marmorne Tumbadeckel von Hans Haldner als auch die Bronzefiguren des Kenotaphs wurden sorgfältig gereinigt und konserviert, die gestickten Fahnen in den Händen der vier Wächterfiguren einer Textilrestaurierung unterzogen. Ein niedriges Gitter zum Schutz wurde um das Kenotaph angebracht. Das Gedächtnis des ranghöchsten Toten in der Frauenkirche ist zwar heute nicht mehr mit dem Chorgebet verbunden, doch dem der zahlreichen Menschen näher gebracht, die im Gotteshaus nach der Bedeutung all dessen suchen, was in früherer Zeit an Glaubensgut anschaulich in Bildern gestaltet wurde und zur Betrachtung einlädt.

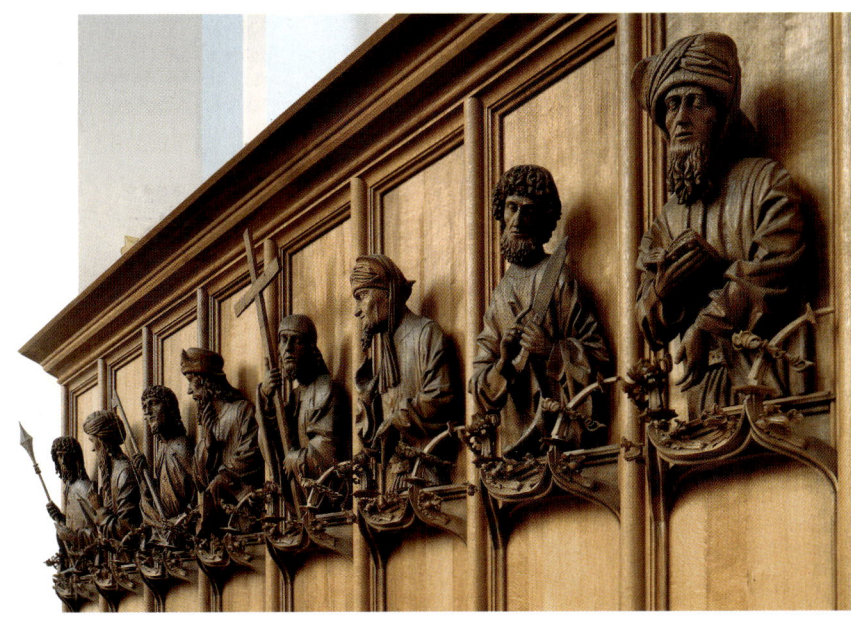

Presbyterium: Reihe von Apostel- und Prophetenbüsten von Erasmus Grasser

Hans Ramisch

Das Chorgestühl der Frauenkirche im Wandel der Zeiten

Als Herzog Albrecht IV. von Bayern nach 1473 dafür sorgen wollte, dass für ihn und seine Vorfahren, die vor dem neuen Choraltar der Frauenkirche wieder beigesetzt worden waren, das tägliche Chorgebet verrichtet werden konnte, musste er erst eine kirchliche Körperschaft gründen, die diese Aufgabe übernehmen sollte. Er wählte dafür die Rechtsform eines säkularen Chorherrenstifts. Da er selbst nicht über die Mittel verfügte, ein neues Stift zu gründen und zu erhalten, versuchte er gegen den entschiedenen Widerstand der zuständigen Bischöfe von Freising und Augsburg, drei bestehende Chorherrenstifte aufzulösen und einschließlich Grundbesitz und Personal an die Münchner Frauenkirche zu verlegen. Da er sich damit zu große Schwierigkeiten einhandelte, transferierte er schließlich nur zwei Stifte des Bistums Freising, Ilmmünster und Schliersee, mit päpstlicher Zustimmung 1495 nach München.

Das neue Stiftskapitel „Zu Unserer Lieben Frau in München" brauchte ein Chorgestühl, in dem es sich versammeln und das tägliche Offizium, bestehend aus den acht Tagzeiten der Matutin, der Laudes (von 5–6 Uhr morgens), der Prim, Terz, dazwischen dem Kapitelamt, der Sext und Non (ab 9 Uhr), der Vesper und der Komplet (um 15 Uhr) verrichten konnte. Chorgestühle als Orte des Chorgebets hatten zu dieser Zeit schon eine lange Entwicklung hinter sich. Erste Beispiele solch hölzerner Monumentalmöbel sind aus dem 13. Jahrhundert erhalten, vorher dienten, soweit man nicht stand, wohl steinerne Bänke als Versammlungsort des Klerus. Da in der Frauenkirche nicht nur die 14 Chorherren im engeren Sinn, sondern auch deren Chorvikare und weitere Geistliche am Chorgebet teilnehmen sollten, war eine größere Anzahl an Sitzen im Chorgestühl nötig. Nach einer Quelle aus dem 16. Jahrhundert gab es je Seite 20, also insgesamt 40 Sitze zwischen dem dritten und fünften Chorpfeiler. Hinter den geschweiften Schulterringen der einzelnen Chorsitze erhob sich eine gegliederte Rückwand, die von einem unterwölbten Kranzgesims abgeschlossen und von Fialentürmchen überragt wurde. Über jedem Sitz war eine geschnitzte Büste eines Apostels, Propheten oder Heiligen angebracht. Vor den Chorsitzen stand eine Kniebank.

Hinter dem Kreuzaltar befand sich, dem Chor zugewandt, ein Viersitz mit Blendmaßwerkgliederung gegen Westen.

Die Büstenfiguren und kleine, in das Kranzgesims eingestellte Heiligenfiguren hat, ihrem Stil nach zu schließen, der Münchener Bildhauer *Erasmus Grasser* unter Mitarbeit von Helfern geschaffen. Das Chorgestühl selbst war wohl eher nach einem gezeichneten Entwurfsriss von einem Schreiner ausgeführt worden. Ein in das Gestühl eingeschnitztes Datum 1502 überlieferte wohl den Zeitpunkt des Abschlusses der Arbeiten.

Die Außenwände der beiden Chorgestühlsseiten trugen eine entsprechende Gliederung und je Wandfeld die Standfigur eines Papstes oder Bischofs in Hochrelief.

Die 40 Büsten lassen sich heute noch nachweisen, befinden sich jedoch nicht mehr vollzählig im Besitz der Frauenkirche, von den Heiligenstatuetten sind noch 59 erhalten, von den Papst- bzw. Bischofsreliefs nur noch die Hälfte, 20 Stück.

Wie auch andere kirchliche Ausstattungswerke wurde das Chorgestühl bei Kircheninstandsetzungen verändert. Der erste größere Eingriff erfolgte

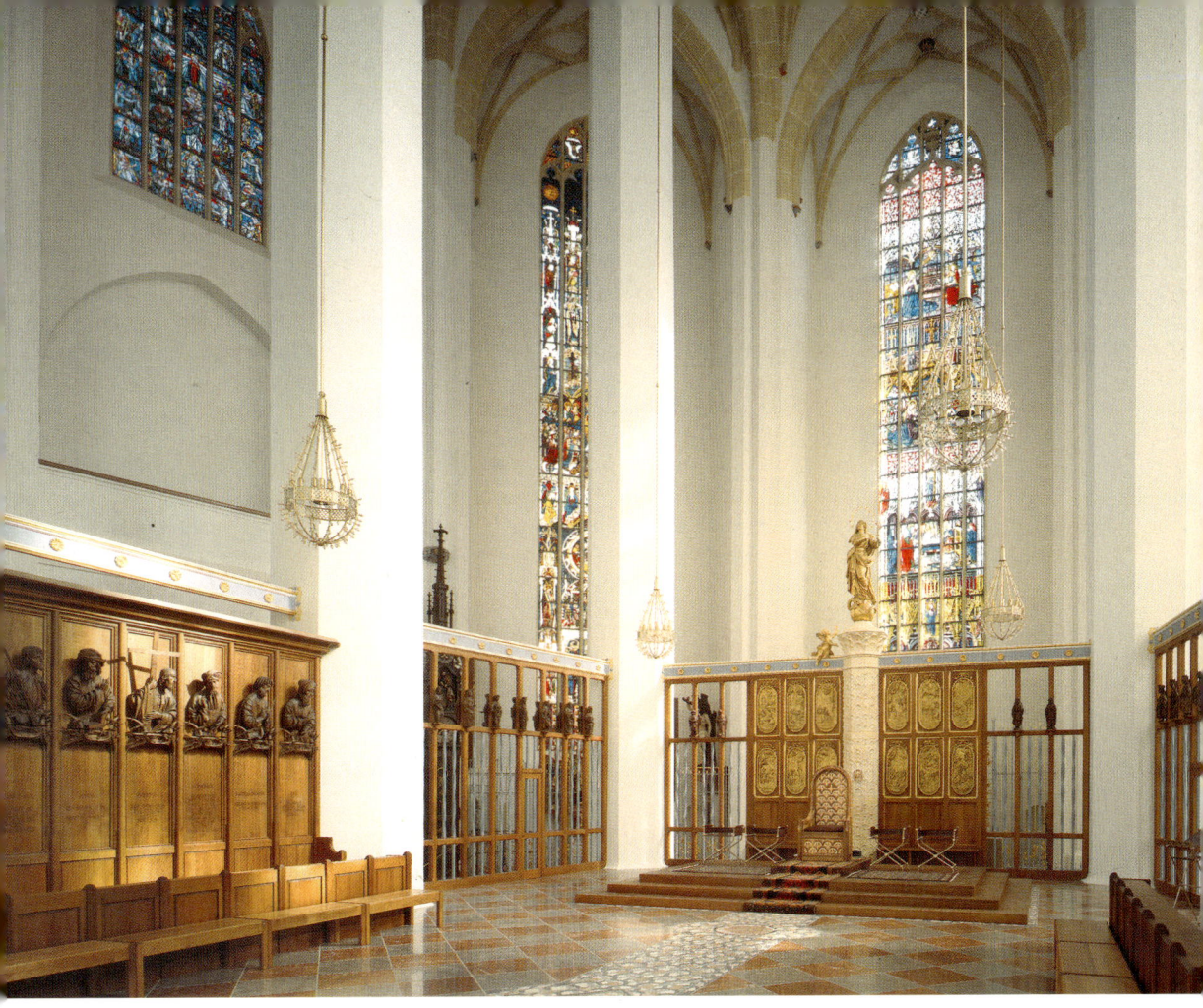

1770–1776 durch den Münchener Bildhauer *Ignaz Günther*, der den Auftrag erhielt, in die Wandfelder unter den Büsten Reliefs mit Szenen aus dem Marienleben im Wechsel mit Ornamentreliefs einzufügen. Gleichzeitig wurde das Chorgestühl selbst teilerneuert, weiß gefasst und teilvergoldet. Im Zuge der Umgestaltung der Frauenkirche im Stil der Neugotik 1858–1862 wurde das Chorgestühl abgebaut, kleiner geplant und von den für die Wiederverwendung bestimmten Teilen die Weißfassung entfernt, der Rest verkauft. Im Zweiten Weltkrieg barg man vorsorglich alle Bildwerke aus dem Chorgestühl und brachte sie in Sicherheit, das Gestühl selbst verblieb in der Kirche und ging im Bombenhagel unter. Nach dem Wiederaufbau der Frauenkirche ab

1946 wurde ein provisorisches neues Chorgestühl errichtet. Die Bildwerke hatte man zwar aus den Bergungsorten zurückgeführt, jedoch auf dem Dachboden der Domsakristei vergessen, wo sie 1973 vom Verfasser wieder gefunden und anschließend vom Metropolitankapitel dem Diözesanmuseum zur Konservierung und Aufbewahrung überwiesen wurden.

Bei der Erneuerung der Kirchenausstattung zwischen 1991 und 1994 sollte für das Metropolitankapitel wieder ein Chorgestühl eingerichtet werden. Nach verschiedenen Versuchen erhielt der Kölner Bildhauer *Elmar Hillebrand* den Auftrag für einen Entwurf. Für diesen wurde ein Bildprogramm entwickelt, das die Wiederverwendung der überlieferten Büsten, Statuetten und Halbrelief-

Figuren vorsah. Nach älteren Fotos aus der Zeit vor der Zerstörung wechselten Apostel und Evangelisten mit Propheten des Alten Bundes nach dem Schema des Apostel-Credo, d.h. der Zuordnung je eines der 12 Glaubensartikel des apostolischen Glaubensbekenntnisses zu einer alttestamentlichen Prophetie. Die über die Zahl 24 hinausgehenden Büsten zeigen Heilige, deren Reliquien 1503 in der Frauenkirche verehrt wurden, darunter Arsatius und Papst Sixtus I. Die zahlreichen kleinen Heiligenstatuetten erwiesen sich schließlich als die Patrone der Seitenaltäre der Frauenkirche.

Unter dem Apostel Petrus steht der 1. Glaubensartikel: „CREDO IN DEUM PATREM OMNIPOTENTEM CREATOREM CAELI ET TERRAE" („Ich glaube an Gott, den Vater, den Allmächtigen, den Schöpfer des Himmels und der Erde"). Unter dem daneben angebrachten Bild des Propheten Jeremias: „QUI FECIT TERRAM IN FORTITUDINE SUA. PRAEPARAVIT ORBEM IN SAPIENTIA SUA ET PRUDENTIA SUA EXTENDIT CAELOS." („Er hat die Erde erschaffen durch seine Kraft, den Erdkreis gegründet durch seine Weisheit, durch seine Einsicht den Himmel ausgespannt.").

So verkünden heute wieder dort, wo sich das Kapitel versammelt, die Glaubensartikel die Lehre der Kirche und die Prophetien deren alttestamentliche Vorbilder.

Hans Ramisch

Die Gitter der Münchener Frauenkirche

Gitter sind ein wenig beachtetes Gliederungselement in historischen Kirchen, die häufig an Eingängen, vor dem Chor, zwischen den Schiffen, vor Kapellen und um Altäre angebracht sind. Sie dienten und dienen liturgischen Zwecken, indem sie, oft kombiniert mit Vorhängen, den gleichzeitigen Vollzug verschiedener liturgischer Funktionen im selben Raum ermöglichten, etwa das Chorgebet und damit verbundene Prozessionen und die zahlreichen gestifteten Messen an den Seitenaltären. Sie erleichterten etwa die andächtige Teilnahme an einer stillen Messe an einem der Seitenaltäre, während andere Gläubige von und zu den Altären benachbarter Kapellen gingen.

Neben dieser bergenden Funktion hatten sie Altargeräte und Paramente zu sichern, die in Wandschränken und in Truhen in den Seitenkapellen aufbewahrt wurden, oder das Allerheiligste im Sakramentshaus, das durch das schützende Gitter auch tagsüber in der Monstranz ausgesetzt sichtbar gegenwärtig bleiben konnte.

Zahlreiche Bildquellen belegen für die Münchener Frauenkirche vor ihrer Purifizierung nach 1858 eine Fülle vielgestaltiger Gitter, vor allem zwischen Seitenkapellen und Seitenschiffen.

Auch wenn heute viele Funktionen wegfallen, die Gitter in historischer Zeit in Kirchen zu erfüllen hatten, bot sich doch bei einer der zentralen Fragen, die bei der Neueinrichtung der Kirche 1991–1994 gestellt wurden, nämlich der des Schutzes der Privatsphäre während des Gebetes in den Kapellen, die Neuanfertigung von Gittern zwischen Seitenschiffen und Kapellen an. Dass sie zugleich auch die Sicherung der Kunstwerke vor Diebstahl erleichtern könnten, war dagegen eher ein pragmatischer Nebeneffekt. In künstlerischer Hinsicht bieten die Gitter, dies wurde nach Aufstellen eines ersten Musters auch sofort sichtbar, eine durchbrochene, nach beiden Seiten offene Akzentuierung der eigentlichen Raumgrenze zwischen dem

Kirchenraum als Versammlungsort der Lebenden und den Kapellen als Orten der bildhaften Anwesenheit der Verstorbenen und der Heiligen in Epitaphien und Altarbildwerken.

Die Entwürfe der Gitter fertigte unter Beratung durch den Unterzeichneten *Manfrd Bergmeister*, die Ausführung übernahm seine Schmiedewerkstatt. Als Oberfläche wurde über den technisch bedingten Grundierungen in Bleimennige und Weiß eine möglichst immateriell wirkende Farbfassung aus Smalte (zerstoßenem blauem Glas) und einer Öllasur mit Holzkohlepulver aufgebracht.

Die formale Gestaltung der Gitter nimmt auf die Kapellenpatrozinien Bezug, so zeigt das von der Münchner Bäckerinnung gestiftete Gitter der St. Georgs- und Margaretenkapelle das Zunftwappen, das Gitter vor der Bennokapelle das Attribut des Heiligen, die beiden Schlüssel, das Gitter der Mariä Opferungkapelle als Attribute des mailändischen hl. Arsatius die eherne Schlange aus Sant'Ambrogio und den Schrein der Hl. Drei könige in Sant'Eustorgio in Mailand. Im Chorschlussgitter vor dem Gnadenbild der Gottesmutter schließlich ranken goldene Rosen.

Blick in Kapelle 16 Kapelle Mariä Opferung, Altarblatt der Münchener Domkreuzigung, Werkstatt Gabriel Angler, um 1440

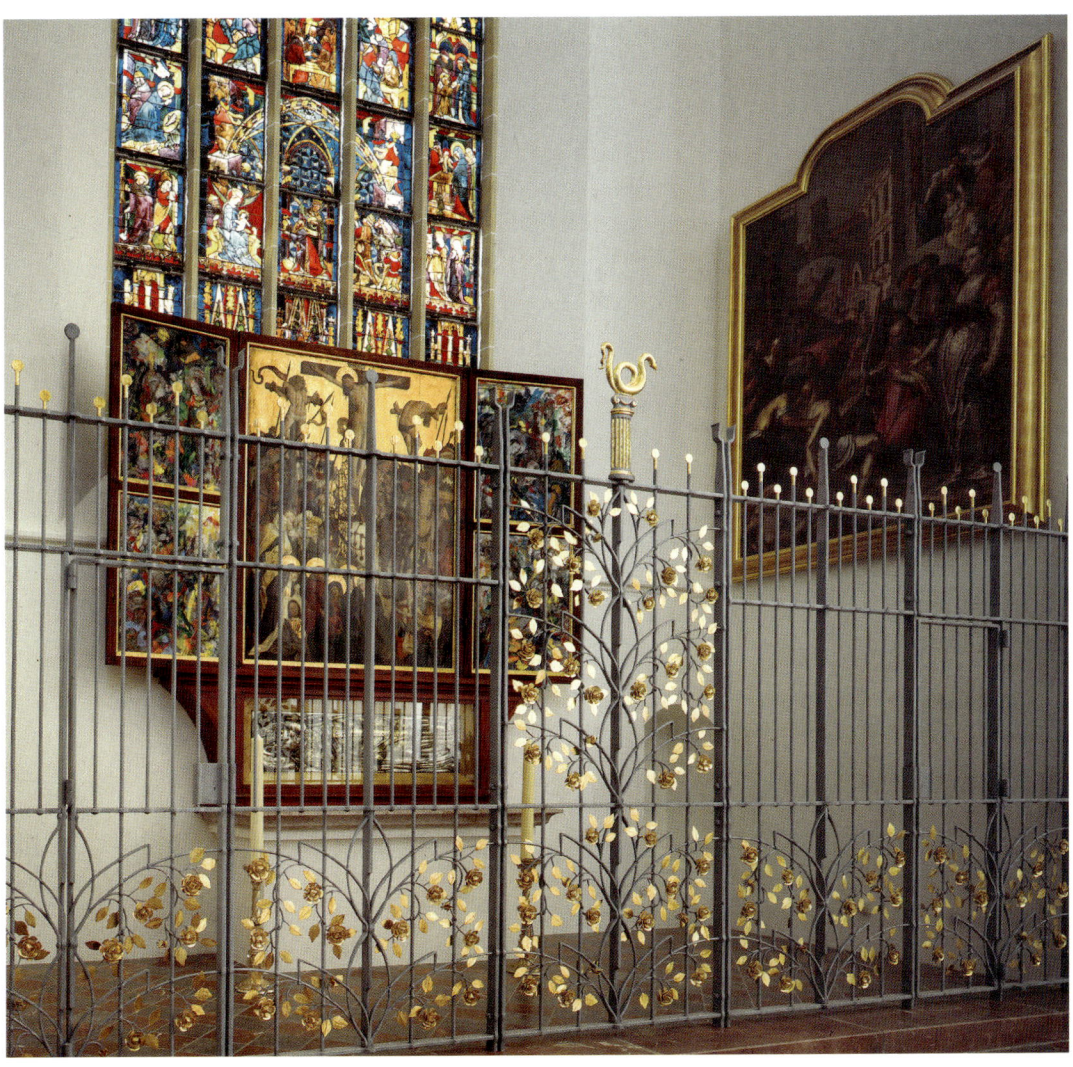

Peter Pfister

Die Glasfenster der Münchener Frauenkirche

Die Fenster der Frauenkirche zeigen in ihrem heutigen Zustand erlesene Beispiele der Glasmalkunst vom frühen 14. bis zum späten 16. Jahrhundert. Von den heute noch erhaltenen 606 Scheiben stammen 106 aus der alten Frauenkirche (vor 1468). Sie wurden beim Neubau (bis 1488) wieder verwendet. Als die Münchener Frauenkirche erstand, gab man den Fenstern ihren alten schönen Schmuck: die Glasgemälde. Das volle Sonnenlicht wurde gebrochen, der Raum erhielt jenes geheimnisvolle Etwas, das man vielleicht mit den Worten „Wärme, Verhaltenheit, Innerlichkeit" bezeichnen könnte. Wer aus dem grellen Tageslicht in diese Helle eintrat, wurde von einer ganz anderen Welt aufgenommen.

Da die alten Scheiben nicht ausreichten, erhielten die Münchener Glasmaler obendrein große Aufträge und sogar neue Werkstätten entstanden. Im Auftrag der Familie Scharfzandt lieferte der Glasmaler *Peter Hemmel von Andlau* aus Straßburg ein Chorfenster. Im frühen 16. Jahrhundert war die Verglasung der Frauenkirche abgeschlossen. Die Fenster der Seitenschiffe hatten nur in den unteren beiden Dritteln Glasgemälde, im oberen Drittel waren sie mit runden, mit Blei gefassten Butzenscheiben verglast. Nur die drei Scheiben mit den Münchener Stadtwappen, von Engeln gehalten, stammen aus der späteren Zeit um 1570. So blieb es dann bis zur zweiten Hälfte des 18. Jahrhunderts. Ab 1772, bei einer Renovierung der Fenster unter Stiftskanoniker Raymond von Pernart, wurden schadhafte Scheiben herausgenommen. An ihre Stelle kam weißes Fensterglas, da sie aus finanziellen Gründen nicht farbig ersetzt werden konnten. Ab 1815 wurden Fehlstellen mit einigen Glasge-

mälden aus der Salvatorkirche ersetzt. 1858–1861 wurde die Frauenkirche im Geist der Erbauungszeit wieder hergestellt (regotisiert). Die entfernten Scheiben wurden (renoviert) wieder eingesetzt, aber in einer anderen Reihenfolge, um der Ausstattung des 19. Jahrhunderts zu genügen. Während des Zweiten Weltkriegs wurden die Scheiben herausgenommen, zum Schutz vor den Bombenangriffen. Die Fenster aus dem 19. und 20. Jahrhundert sowie die Maßwerkverglasungen waren aber nicht geborgen worden und wurden durch den Krieg sämtlich zerstört.

In der Nachkriegszeit ab 1952 wurden die Scheiben in der *Mayr'schen Hofkunstanstalt* restauriert, ergänzt, zum Teil umgruppiert und dann wieder eingesetzt.

■ Die Scheiben aus der alten Frauenkirche

Die im 14. und frühen 15. Jahrhundert gestifteten Glasgemälde wurden als so wertvoll angesehen, dass sie beim Abbruch der alten Frauenkirche 1468 herausgenommen und in den Neubau eingesetzt wurden. Dazu gehören insbesondere das Astaller-Fenster, 1392 gestiftet, das in das Herzogen-Fenster (um 1485) eingesetzt wurde; das Sieben-Freuden-Marien-Fenster, um 1430, (R); die rot-grüne Passion, um 1420, die um 1480 in das Speculum-Fenster (P) eingesetzt wurde; die Fragmente eines Drei-Königs-Fensters, um 1430, die um 1480 ebenfalls in das Speculum-Fenster eingesetzt wurden; die um 1460 entstandene Folge von Heiligen (G).

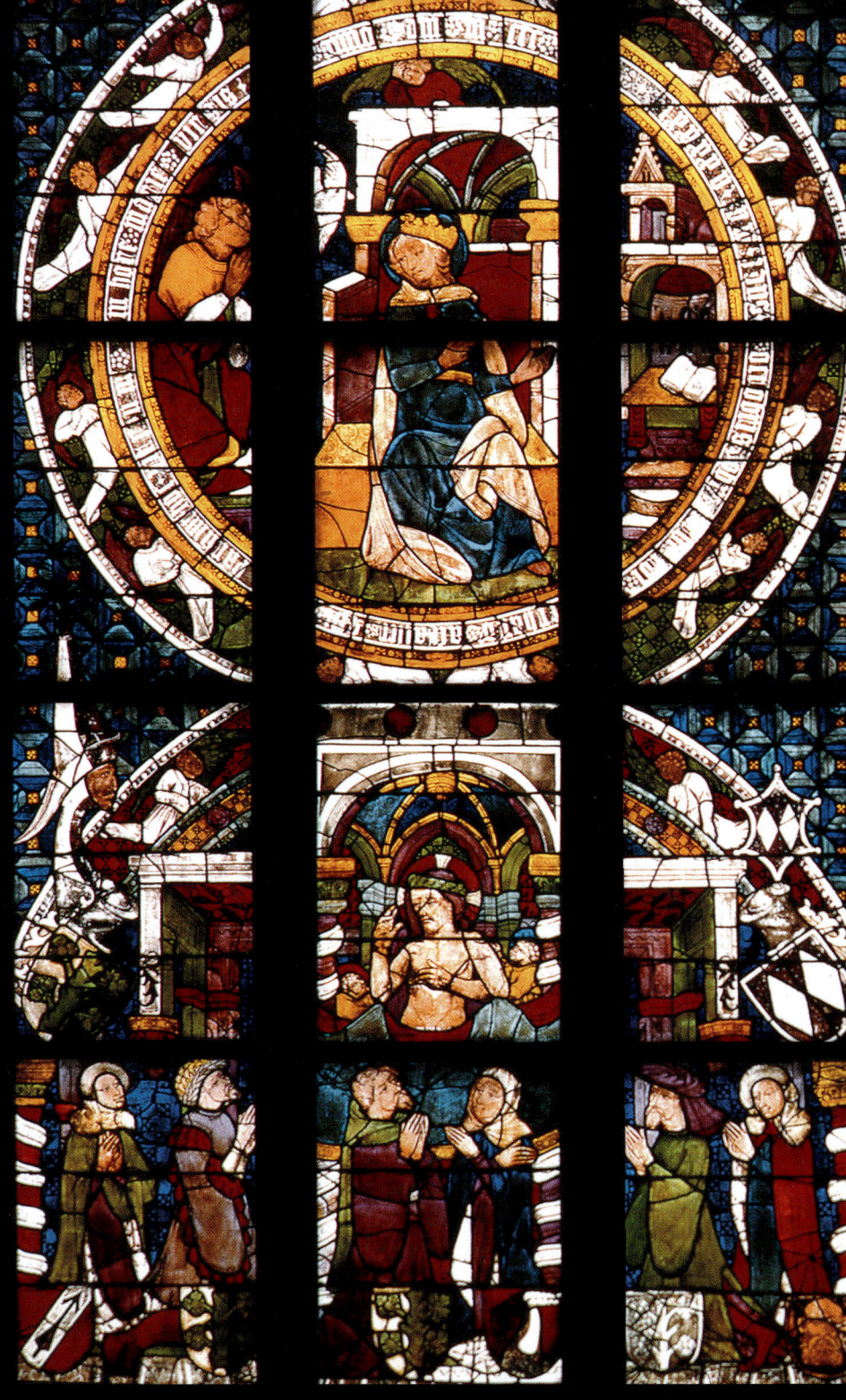

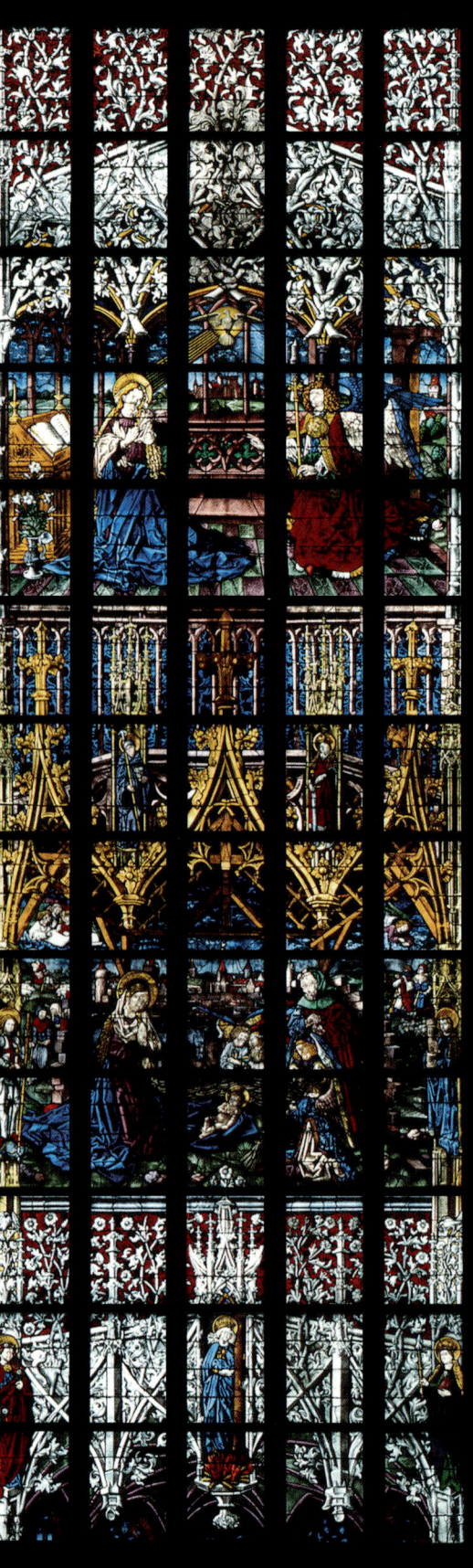

■ Der Fensterplan der Frauenkirche

1.   Westlicher Eingangsbereich: Michaelsfenster, Alois Miller

2. A   Tulbeckkapelle: Nordturm – Überführung des hl. Benno und Szenen aus dem Leben des hl. Korbinian (Richard Holzner, 1931)

3. B   Apolloniakapelle: Rosenkranz-geheimnisse, nach Entwurf von Alois Miller (1934), nach der Kriegszerstörung 1961 von Josef Auer rekonstruiert.

4. C   Sixtusportal: Die Engel behüten die Erde, Karl Knappe 1961.

5. D   Dreikönigskapelle: Christus als Wohltäter, Robert Rabolt, 1965.

6. E   Thomas- / Mariä-Rosen-Kapelle: Heilige des Erzbistums, Robert Rabolt 1965.

7. F   Kapelle des hl. Blasius und der Unschuldigen Kinder: Die Sieben Schmerzen Mariä, P. Gitzinger, 1959.

8. G   Hl. Sebastian-, Hl. Agnes- und Sieben-Schmerzen-Kapelle: Zeile 1–3: Heilige und Laubwerk, um 1468, Zeile 4–9: Große Passion, um 1390, Zeile 12: Wappen.

9. H   Bennoportal: Fragmente des frühen 15. und 16. Jahrhunderts, Wappen, Ende 16. Jahrhundert, Heilige, 1512, Marienleben, um 1430.

10. J   Über dem Sakristeivorraum: Das apokalyptische Weib, Max Lacher, 1965.
Im Sakristeivorraum kleine Fenster: Einzelscheiben-Frag-mente

10a.   In der Sakristei: mehrere kleine Fenster, Einzelscheiben Anfang 14./15. Jahrhundert.

11. K   Katharinenkapelle: Fragmente der alten Marienkirche, Heilige/ Marien-, Christusleben, um 1430.

12. L   Kapelle der hll. Anna Selbdritt und Georg: Fragmente, um 1500.

13. M 1   (in der Sakramentskapelle): Frag-mente aus fünf verschiedenen Glasgemälden (um 1500), Katharinenmarter, Wurzel Jesse, Weinschenken-Fenster, hl. Anna Selbdritt, hl. Katharina, Christus als Weltenherrscher.

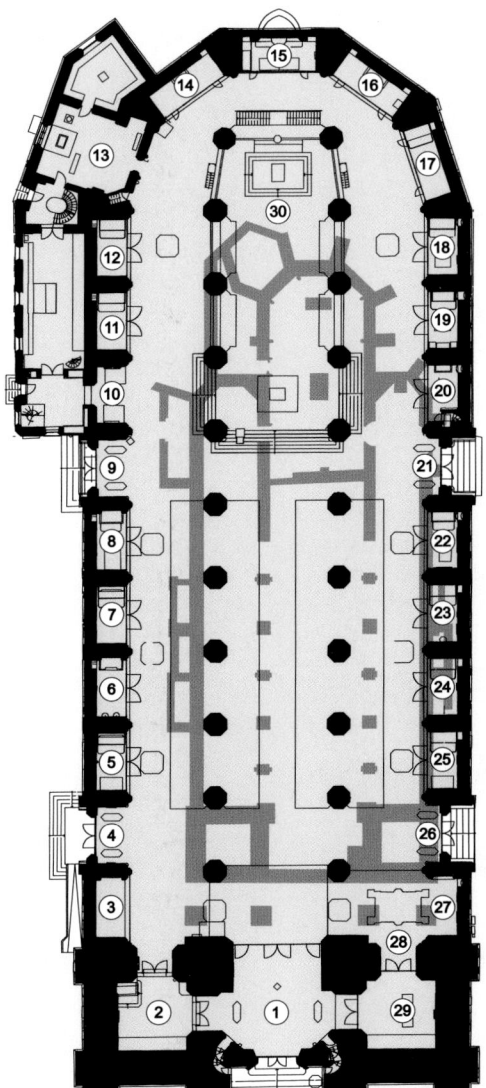

Zeile 13–17: Geburt Christi, Zeile 18–22: Verkündigung an Maria, Peter Hemmel von Andlau.

16. P Kapelle Mariä Opferung: Speculum-Fenster, Zeile 1–2: Fragmente, Zeile 3–6: Dreikönigsfenster, Zeile 7–22: Die eigentlichen Szenen des Speculum-Fensters, 1480, Zeile 16–20: Rot-grüne Passion, 1430.

17. Q Rupertuskapelle: Legendenfenster, Zeile 1–6: Marter des hl. Sebastian, Zeile 7–11: Anflehung des hl. Florian, Zeile 12–19: Erscheinung des Erzengels Michael am Monte Gargano.

18. R Johann-Nepomuk-Kapelle: Fünf-Freuden-Mariä, um 1430.

19. S Bennokapelle: Märtyrerfenster Zeile 2–5: hl. Sebastian, Zeile 6–9: hl. Agnes, Ende 15. Jahrhundert.

20. T Taufkapelle hl. Johannes der Täufer und hl. Johannes Evangelist: Fenster: Dornenkrönungsfenster, 1490, Stadtwappen.

21 U Brautportal-Fenster: Adam, Eva, Petrus und Andreas, Max Lacher, 1965.

22 V Geburt-Christi-Kapelle: Zeile 2 und 3: Bethlehemitischer Kindermord, Zeile 4–9: Verklärung Christi, Zeile 12: Wappen der Metzgerzunft.

23 W St. Georgs- und Margaretenkapelle: Brotthema, Robert Rabolt, 1959.

24 X Mariä-Verkündigungs-Kapelle: Genesis (Schöpfungsbericht), Wilhelm Geyer, 1959.

25 Y Bartholomäus-Veitkapelle: Parabelfenster: Gleichnisse von der Drachme und dem verlorenen Sohn, Wilhelm Geyer, 1960.

26 Z Arsatiusportal: Wappenfenster: Erinnerung an den Wiederaufbau der Frauenkirche mit den Wappen von Kardinal Faulhaber und Kardinal Wendel, Karl Knappe 1961.

27 A-A Kapelle der hll. Laurentinus, Margarete, Wolfgang und Sigismund: Der Eucharistische Weltkongress 1960, Robert Rabolt, 1962.

29 A-B Südliche Turmkapelle (Südfenster): Fragmente aus Passionszyklus, spätes 14. Jahrhundert,

29 A-C Südliche Turmkapelle (Westseite): „Weißscheiben", um 1440: Szenen aus dem Leben Jesu.

Seite 64:
Kapelle 15
Chorscheitelkapelle:
Scharfzandtfenster,
Szenen Christi Geburt
(Zeile 13–17)
und Verkündigung
(Zeile 18–22)

13. M 2 (außen oben): Joseph Eberz (1931 entworfen, nach Kriegszerstörung 1957 rekonstruiert), Marienleben.

14. N Michael-Sebastians-Kapelle: Herzogenfenster, Zeile 1–9: Heilige/Christusgruppe, Zeile 6–9: Astaller-Fenster, 1395/1420, Zeile 10–22: Anfang des eigentlichen Herzogen-Fensters, Zeile 12–14: Schutzmantel-Madonna, Zeile 17–21: Engel und Gruppe mit Auferstandenem.

15. O Chorhauptkapelle Scharfzandt-Fenster: Zeile 1–7: Stifter, Zeile/Rupert-Szene Zeile 8–12: Darstellungen Jesu im Tempel,

■ Die spätgotischen Scheiben

Neben den „alten" Scheiben kamen in die neu errichtete Frauenkirche bedeutende neue Werke der Glasmalerei dazu: das Speculum-Fenster (P), 1480, in dem Themen aus dem „Heilsspiegel", einem damals verbreiteten Bilderschema der Heilsgeschichte, dargestellt wurden; das „Herzogen-Fenster" (N); das Scharfzandt-Fenster von Peter Hemmel von Andlau; 1488–1493 entstanden (O); Dornen-Krönungsfenster von 1490.

Viele Münchener Patrizierfamilien trugen über Stiftungen zu diesem Schatz bei. Herausragend ist das heute im Chorhaupt befindliche Werk des berühmten Elsässer Glasmalers Peter Hemmel von Andlau.

■ Die modernen Fenster

Nach dem Zweiten Weltkrieg wurden drei Fenster von 1931 und 1934 (von *Alois Miller* und *Joseph Eberz*) wieder hergestellt, neue kamen dazu: von *K. Knappe* über dem Sixtus-Portal (C); von K. Knappe 1961 Wappen von Kardinal Faulhaber und Kardinal Wendel (Z); Schöpfungsgeschichte von *Wilhelm Geyer*, 1959 (X); Die mystische Bedeutung des Brotes, 1959, von *Robert Rabold* (W); Die Heiligen der Erzdiözese, 1965, von Robert Rabold (E); Der Eucharistische Weltkongress 1960, von Robert Rabold (AA); Die Sieben Schmerzen Mariens, 1959, von *Peter Gitzinger* (F); Das apokalyptische Weib, 1965, von *Max Lacher* (I).

Karl-Ludwig Nies

Pflege der Musik in der Münchner Frauenkirche

D ie Geschichte der Münchner Dommusik reicht bis ins 13. Jahrhundert zurück. Aus jener frühen Zeit liegen zwar kaum Nachrichten vor, doch ist gewiss, dass an der damaligen romanischen Marienbasilika, dem Vorgängerbau des heutigen Doms, Männer und Knaben bei der Liturgie den Gregorianischen Choral pflegten. Quellen des 15. Jahrhunderts belegen mehrstimmiges Singen, teils sogar instrumental begleitet.

Die Errichtung des neuen Dombaus in der 2. Hälfte des 15. Jahrhunderts veranlasst die bayerischen Herzöge (Wittelsbacher), hier fortan die großen Festgottesdienste des Hofes prunkvoll zu begehen. Der Hofkapelle obliegt dabei die Ausführung der Kirchenmusik; so zeigt ein zeitgenössisches Bild den Meister *Ludwig Senfl* („Hofkomponist", † 1542/43) beim Musizieren in der Frauenkirche.

Über die Leiter der Kirchenmusik des Stiftes wie der Pfarrei ist nicht viel bekannt. Als erster namentlich erwähnt wird 1546 ein Cantor *Hofsteter*, dann 1560 *Wolfgang Fuchs* und 1597 *Bernhard Megerle*. 1560 verfügt das Kapitel die tägliche Durchführung einer einstündigen, Choral wie Mehrstimmigkeit umfassenden Chorprobe der Knaben. Bei der Figuralmusik singen diese den Diskant (Sopran), die übrigen Stimmen werden von Männern ausgeführt. Die Knaben gliedern sich in drei Leistungsstufen: „Schüler" (Anfänger), „Anwärter" (Fortgeschrittene) und „Pfarrbuben" oder „Pfarrschüler" (vier feste, mit einer geringen Entlohnung verbundene Stellen). Zum Personalbestand zählen ferner ein „Schulmeister und Cantor", fünf „Choralisten" (Männer) und ein Organist.

Unter dem hochberühmten Hofkapellmeister und Komponisten *Orlando di Lasso* (* um 1532 zu Mons im Henne-

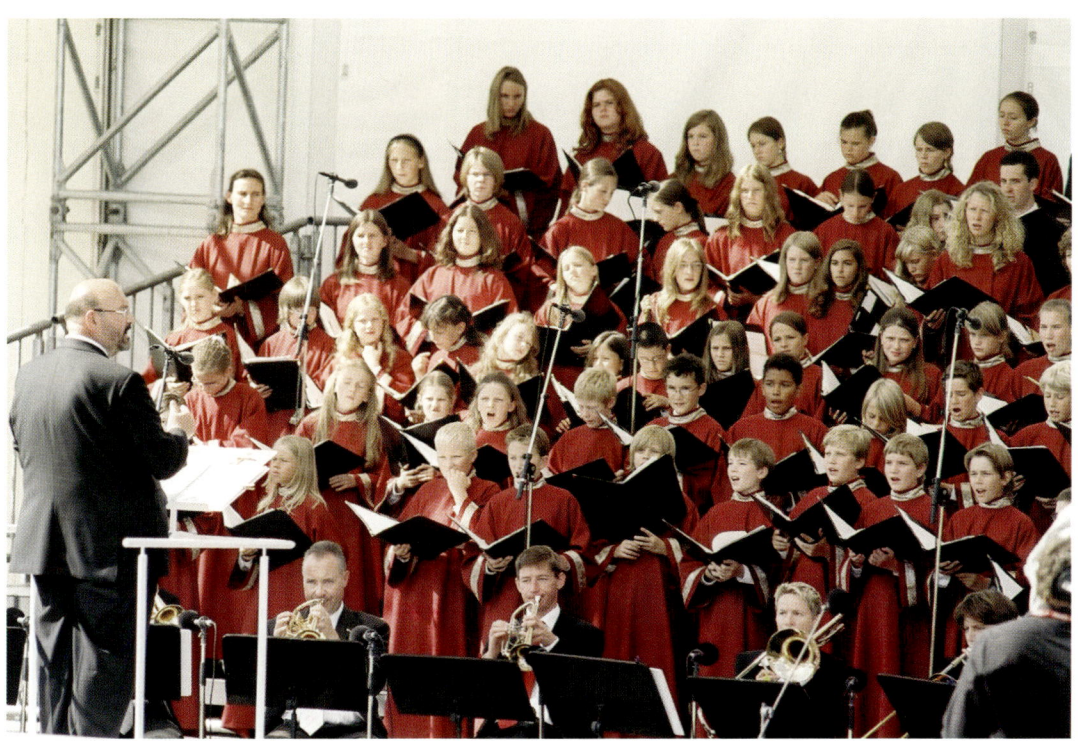

gau; vor seiner Berufung durch Albrecht V. nach München päpstlicher Lateran-Kapellmeister zu Rom, wo Palestrina sein Nachfolger wird; † in München am 14. Juni 1594) erreicht das Münchner Musikleben seine erste Hochblüte, die sich auch an der Frauenkirche nachhaltig auswirkt. Manche seiner Werke hat Lasso wohl sogar direkt für den Dom komponiert, und angesichts dessen spezieller Akustik kann man feststellen, dass gerade diese Renaissancemusik im gewaltigen Raum der Kathedrale mit am besten klingt.

1574 sichert eine Stiftung Herzog Albrechts V. zwölf Knaben kostenlose Schulausbildung, Unterkunft und Verpflegung. Dafür haben diese, dem „Musikpraefekten" Orlando di Lasso unterstellt, beim Kirchengesang mitzuwirken, ein Faktum, an das 1992 die (Wieder-)Gründung der heutigen Münchner Domsingknaben anknüpft (siehe unten: Domsingschule).

Herausragende Bedeutung als Kirchenmusiker des Stiftes und der Pfar-

rei erlangt zur Barockzeit *Franz Xaver Anton Murschhauser*. Geboren 1663 zu Zabern/Saverne im Elsass, kehrt der Spross einer alten Münchner Familie nach dem frühen Tod des Vaters mit der Mutter nach München zurück, wo er seine musikalische Ausbildung an der Pfarrkirche St. Peter erhält und dort dann als Sänger, Geiger und Posaunist tätig ist. 1690/91 wird Murschhauser vom Stiftskapitel Zu Unserer Lieben Frau als Chorregent angestellt, ein Amt, das er bis zu seinem Tod 1738 fast fünf Jahrzehnte lang ausübt. Großes leistet er dabei hinsichtlich der Ausbildung junger Sänger wie auch als Komponist (Psalmen im konzertierenden Stil, Orgelmusik).

Die Säkularisation anfangs des 19. Jahrhunderts führt zum allmählichen Niedergang der bisherigen Musikpflege mit Knaben, Männern und Instrumentalisten. Als jedoch die Frauenkirche zur Kathedrale des neu gegründeten Erzbistums München und Freising (1817) erhoben wird, for-

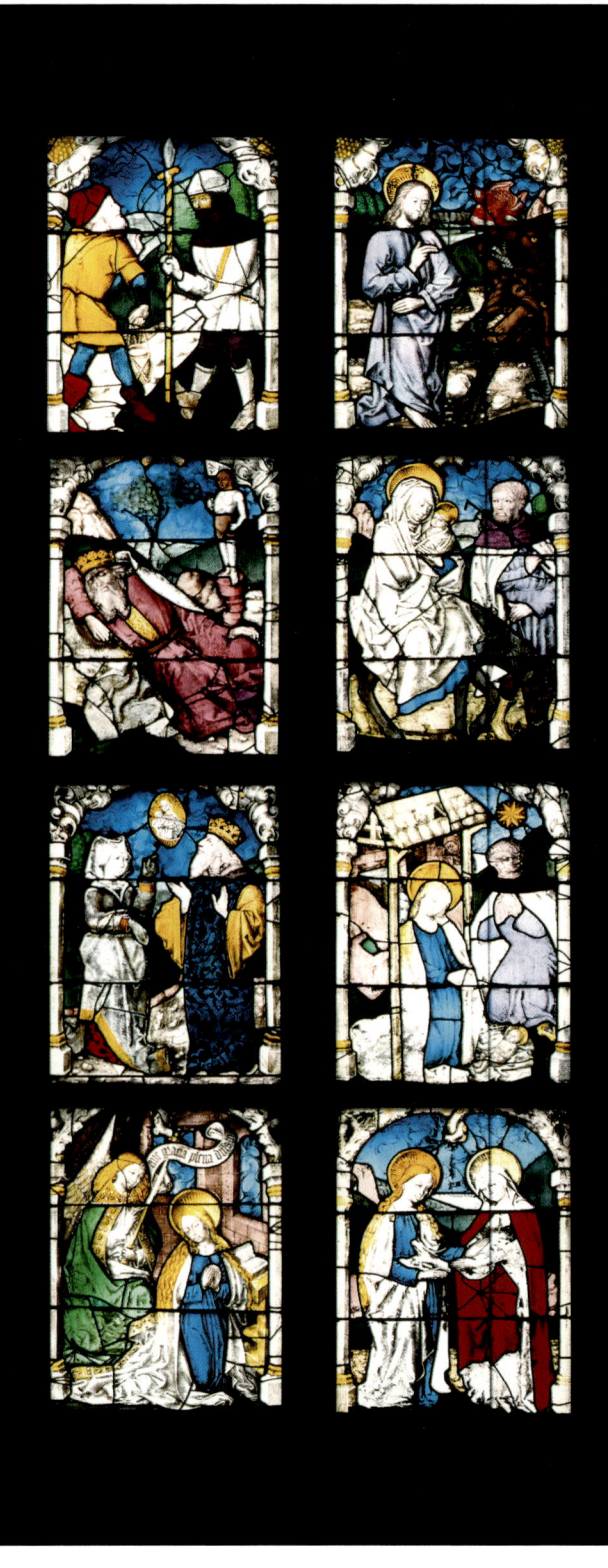

miert sich ein neuer Domchor, gebildet aus bürgerlichen Sängern und Sängerinnen (Laien, unterstützt von professionellen Kräften). Dessen Leiter führt jetzt den Titel Domkapellmeister. Prägende Persönlichkeiten, die fortan die Dommusik mit gestalten, Chor und Orchester lenken, sind *Anton Schröfl* (im Amt seit 1817, †1847), *Karl Ludwig Ziegler* (ab 1846, †1899), *Karl Greith* (ab 1877, †1887) und *Eugen Wörle* (ab 1887, †1919). Wenngleich im Verlauf des 19. Jahrhunderts die altklassische Vokalpolyphonie in gewissem Umfang auch am Dom wieder zum Zuge kommt, bleibt dieser doch insgesamt von den eigentlichen, restriktiven Bestrebungen der Regensburger „Caecilianer" weitgehend verschont.

Mit *Prof. Ludwig Berberich* († 1965) tritt 1919 die bis dahin wohl markanteste Gestalt das Amt des Domkapellmeisters an. Zielstrebig und beharrlich bringt Berberich den Domchor zu großartigen Leistungen. Als glühender Verehrer Anton Bruckners führt er dessen große Messen im Gottesdienst auf und gibt u.a. eine wegweisende Sammlung Brucknerscher Motetten heraus. Obzwar Kleriker (Priester), befasst sich der Domkapellmeister neben seinen Amtspflichten und -leidenschaften mit konzertanter (oratorischer) und sogar „weltlicher" Musik, sodass der Domchor auch im allgemeinen Kultur- und Konzertleben deutschlandweit große Beachtung erlangt.

Der Zweite Weltkrieg bewirkt für den Domchor einen Einbruch, von dem er sich nur schwer erholen kann. Berberichs (wiederum priesterlicher) Nachfolger *Prof. Dr. Johannes Hafner* bemüht sich um die Belebung des A-cappella-Ideals und komponiert auch viel, hat aber insgesamt keinen leichten Stand, weshalb er wohl nach einigen Jahren München verlässt.

Prof. Max Eham (* 1916), Priester und später Prälat, zuvor in Freising wirkend, übernimmt das Amt 1969. Von Beginn an ist Eham, der sich bayerisch-

Seite 68:
Kapelle 16
Mariä Opferung:
Speculum bzw.
Heilsspiegelfenster
mit alt- und
neutestamentlichen
Szenen (Zeile 7–10)

süddeutscher Kirchenmusiktradition verpflichtet weiß, mit nachkonziliarem Übereifer mancher Liturgen konfrontiert. Stets bemüht, die Waage zu halten zwischen kulturellem Erbe und liturgischer Erneuerung, steuert er das Schiff des Domchors durch bewegte Zeiten. Dabei erweist er sich als fruchtbarer Komponist. Sein Umgang mit der Klanglichkeit gerade von Blechbläsern setzt Maßstäbe, und mit viel gelobten Orchestersätzen zu Gemeindeliedern, auch mehrstimmigen deutschen Vespern, legt Eham den Grundstein einer spezifischen, noch heute lebendigen gottesdienstlichen Praxis.

Domkapellmeister *Karl-Ludwig Nies*, 1990 aus Heidelberg kommend und bis dahin zudem Lehrbeauftragter an der Musikhochschule Karlsruhe, stellt zunächst dem Domchor ein zweites, aus ca. 12 bis 16 ausgebildeten Sängern bestehendes Ensemble zur Seite, das sich in besonderer Weise des Erbes der Renaissancezeit (Lasso) annimmt: die Capella Cathedralis. Auf Nies' Initiative hin wird 1992 die Domsingschule München eingerichtet, sodass eine vom Mittelalter bis ins 19. Jahrhundert praktizierte kirchenmusikalische Jugendarbeit neu belebt werden kann. In bewusster Anlehnung auch an die bereits erwähnte Stiftung Herzog Albrechts V. von 1574 erhalten die Mitglieder der Münchner Domsingknaben und der Mädchenkantorei am Münchner Dom, strukturiert in mehrere Alters- und Leistungsstufen, an der Domsingschule eine kostenlose stimmliche Ausbildung, ergänzt durch Instrumentalunterricht und vielfältige Freizeitangebote. Die musikalische Unterweisung, stets verbunden mit der Vermittlung musikgeschichtlichen wie liturgisch-theologischen Wissens, umfasst das gesamte Spektrum qualitätvoller Kirchenmusik von der Gregorianik bis zur Gegenwart. Großer Wert gelegt wird dabei auch auf die Erziehung der jungen Sängerinnen und Sänger zu sozialer Kompetenz im Sinne des christlichen Menschenbildes.

1999 animiert Karl-Ludwig Nies ältere Mädchen der Mädchenkantorei und junge Männer, vormals Domsingknaben, zur Gründung eines weiteren, überaus leistungsfähigen gemischten Chores, der Jungen Domkantorei. So teilen sich nun insgesamt fünf eigenständige, mitunter auch gemeinsam wirkende Chorformationen, ergänzt durch Dombläser und Domorchester, die vielfältigen liturgischen und konzertanten Aufgaben an der Kathedrale, und nicht zuletzt aufgrund etlicher CD-Aufnahmen, häufiger Medienpräsenz (Fernsehen) sowie der Mitwirkung bei zahlreichen Opern- und Filmproduktionen erfreut sich die Münchner Dommusik heutzutage allgemein hoher Wertschätzung.

Hans Leitner

Die Orgeln der Münchner Frauenkirche und ihre Organisten

Nahezu ebenso alt wie die Geschichte der Frauenkirche selbst ist auch die Geschichte ihrer Orgeln. In den über 500 Jahren waren es sechs Instrumente, die als Hauptorgel auf der Westempore dienten.

Von der allerersten, spätgotischen Orgel aus dem Jahre 1491 wissen wir nichts über ihren Erbauer, ihre Größe und ihre exakte Beschaffenheit. Es wird sich dabei um eine Festorgel zum Präludieren bei feierlichen Ein- und Auszügen gehandelt haben, denn die Kirchenmusik dieser Zeit war in Altarnähe angesiedelt. Zur Begleitung diente dort ein Positiv und ein Regal. Bekannt ist, dass die Orgel einen 24'Pfeifenprospekt besaß, bestehend aus gedrechselten Holzpfeifen. Diese

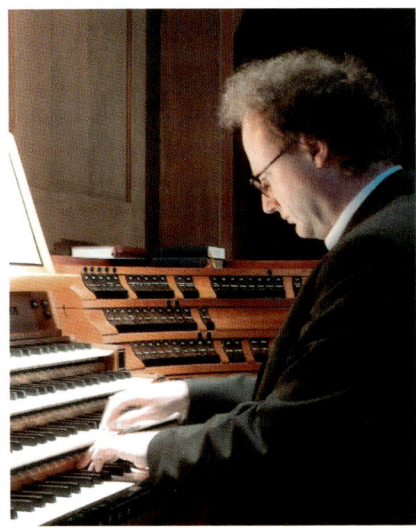

wurden noch in die nachfolgenden Instrumente übernommen, und erst 1847 kam es zu dem legendären Vorfall, dass während eines Gottesdienstes eine dieser inzwischen morsch gewordenen Pfeifen zusammenbrach und auf die Sänger und Musiker fiel. Die darauf folgende frühbarocke Orgel des Münchener Bürgers und Orgelmachers *Hans Lechner* wurde nach 4-jähriger Bauzeit 1633 eingeweiht. Sie umfasste 17 Register auf 2 Manualen nebst den Nebenzügen „Vogelgsang" und „Tremolant". 12 Blasbälge lieferten den nötigen Wind. Das Pedal war in zwei Stimmungen aufgeteilt (Chorpedal und Cornetpedal), was auf eine geteilte Stimmung der gesamten Orgel schließen lässt. Noch 1754 wird als besondere Zierde der Kirche „das ober der großen hinteren Kirchentür mit schöner Malerey gezierte große Orgelwerk" genannt, „des gleichen der Kunst und schöner Harmonie nach auf dem teutschen Boden keines anzutreffen." Diese Orgel hatte unter allen anderen die längste Lebensdauer von 187 Jahren. Erst nachdem sie „so verdorben und bestohlen" war, „dass man kaum mehr darauf spielen konnte", und nachdem die Empore bis zum ersten Säulenpaar erweitert worden war, konnte 1820 mit dem neuen Orgelbau begonnen werden. Damit

betraut wurde der Münchner Orgelmacher *Franz Frosch* und sein Sohn *Josef*. Auch die Erhebung der Frauenkirche zur Kathedrale 1817 machte ein repräsentativeres Werk notwendig. Die 31 Register auf 2 Manualen umfassende Disposition entwarf der an St. Michael wirkende Komponist *Caspar Ett*. Das neue Werk wurde in das vorhandene frühbarocke Gehäuse eingebaut, und damit beginnt das sich fortan öfter wiederholende, zeitlich versetzte „Auseinanderklaffen" vom Bau eines neuen Orgelwerkes im Inneren und eines neuen Orgelgehäuses außen. So errichtete Froschs Nachfolger *Franz Zimmermann* 1848 um das Orgelwerk ein neugotisches Gehäuse als Gegenüber zum neugotischen Kreuzaltar von 1844.

Außerdem erweiterte er die Disposition um 3 Register. Die allgemeine Regotisierung des Domes erfolgte 1858. In das vorhandene neugotische Gehäuse baute die Firma *Georg Friedrich Steinmeyer* aus Oettingen 1878 ein 53-registriges Werk auf 3 Manualen unter Wiederverwendung von 24 Registern. 1928 wurde die Disposition um 3 Register ergänzt, 1936 um weitere 13 Register und ein 4. Manual erweitert. Eine durchgreifende Modernisierung bedeutete die Umstellung von pneumatischer auf elektrische Traktur. Gleichzeitig wurde das neugotische Gehäuse entfernt und vor das Werk ein von dem Bildhauer *Hans Miller* entworfener modischer Freipfeifenprospekt gestellt. Bei der Bombardierung im November 1944 wurde die Orgel vollkommen zerstört.

Als nach dem Krieg um 1949 langsam wieder gottesdienstliches Leben in den Dom zurückkehrte, stand vorab nur eine kleine 5-registrige Notorgel in einer nördlichen Seitenkapelle zur Verfügung.

Endlich konnte im Zuge des Wiederaufbaues des Domes im Oktober 1957 die von *Josef Zeilhuber* aus Altstädten erbaute neue Domorgel eingeweiht werden; bereits zu Weihnachten 1955 war ein Teilwerk erklungen. Die Dispo-

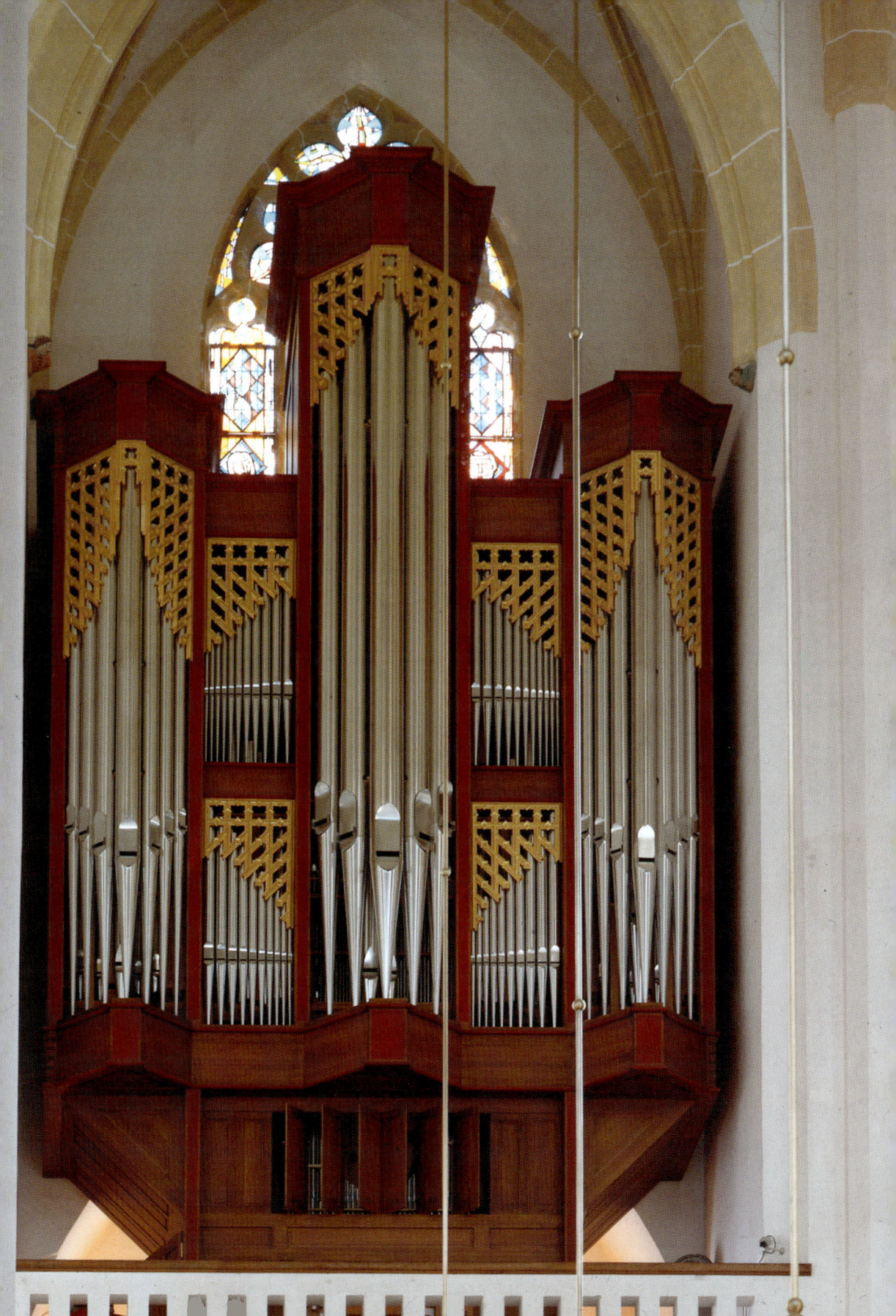

Zu Kapelle 27
Kapelle der hll.
Laurentius, Margarete,
Wolfgang und
Sigismund, unter der
Empore: Grabstein
für den Domorganisten
Konrad Paumann,
gestorben 1773

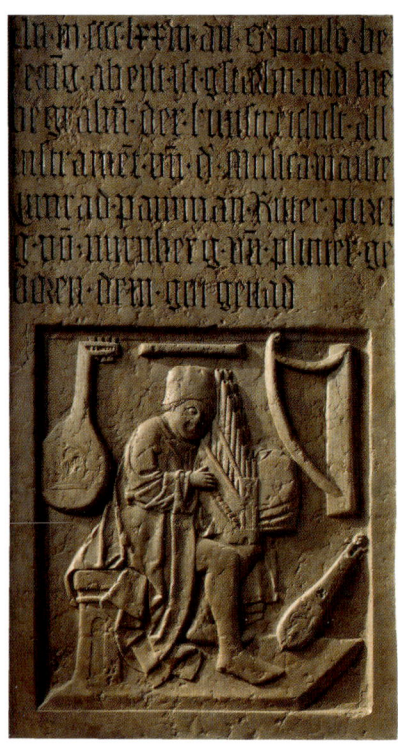

sition, verteilt auf 79 Register der Hauptorgel (4 Manuale) und 28 Register der Chororgel (2 Manuale) entwarf Domorganist *Prof. Heinrich Wismeyer*; den sich um das Westfenster rankenden Freipfeifenprospekt plante Dombaumeister *Georg Berlinger*. In die Chorkapelle (heute Sakramentskapelle) baute Zeilhuber ein kleines Werk mit 7 Registern. Die Domorgel hatte elektropneumatische Traktur und Kegelladensystem. Fortan waren Chororgel (auch wegen ihres Standortes auf dem ehedem mit einem Emporenaltar versehenen Andreaschor „Andreasorgel" genannt) und Hauptorgel wahlweise zusammen oder getrennt spielbar und bildeten eine Doppelorgelanlage. Chororgeln besaß der Dom allerdings schon lange vorher: *Johann Anton Bayr* transferierte sein durch eine Klosteraufhebung freigewordenes, überholtes 12-registriges Instrument 1783 auf die Chorempore rechts des Hochaltares. 1858 wurde sie abgebrochen und erst 1879 durch eine 10-registrige Chororgel von Steinmey-

er ersetzt. 1936 lieferte Steinmeyer eine neue Chororgel mit 26 Registern auf 2 Manualen. Auch diese ging 1944 in Schutt und Asche unter.

Als es zur großen Domrenovierung 1990–1994 kam, sollte die Musikempore wieder bis zum ersten Pfeilerpaar vorgezogen werden. Der nach dem Kriege zurückgedrängte Standort für Orgel und Chor in die Nische zwischen den beiden Türmen hat sich von jeher als unbefriedigend erwiesen. Eine entsprechende Umgestaltung der Zeilhuber-Orgel, die ohnedies in die Jahre gekommen war, schien nicht zweckmäßig. Nach einigen Vorentwürfen entschied man sich für einen Neubau der Domorgel nach dem Prospektentwurf des Architekten *Wolfgang Gsaenger*, der erstmals ganz auf die Freihaltung des Westfensters verzichten durfte. Die Disposition stammt von Domorganist *Prof. Franz Lehrndorfer* und umfasst 95 Register der Hauptorgel (4 Manuale) sowie 36 Register der Chororgel (3 Manuale). *Georg Jann* aus Allkofen erhielt den Auftrag. Die Disposition verfolgt das Prinzip einer mischfähigen Äqualdisposition, nicht etwa einer Komplementärdisposition, sodass die Chororgel einer reduzierten Hauptorgel ähnelt. Jann hatte für den Dom schon 1981 ein Truhenpositiv mit 5 Registern und für die Sakramentskapelle 1985 eine Orgel mit 11 Registern auf 2 Manualen geliefert, letztere ausschließlich aus Holzpfeifen bestehend. Die große Domorgel besitzt Doppeltraktur (mechanisch und elektrisch) bei Schleifladensystem. Dazu sind zwei Spieltische vorhanden: ein fahrbarer elektrischer auf der Chorempore und ein optisch identischer mechanischer auf der kleineren Orgeltribüne hinter dem Rückpositiv. Mit ihren zusammen 131 Registern und 9832 Pfeifen ist die Domorgel die größte Orgel Münchens und eine der größten Bayerns. Die elektronische Setzeranlage wurde 2006 von ursprünglich 256 auf 6400 Kombinationen erweitert.

Waren es in dem Zeitraum von mehr als einem halben Jahrtausend und damit einem Viertel der nachchristlichen Kirchengeschichte 6 stets sich vergrößernde Orgeln, welche die Frauenkirche beherbergte, so waren es ungleich mehr Organisten, die dort ihren Dienst versahen. Gleichsam als Patron hält seine schützende Hand über allen Magister *Konrad Paumann*, dessen Grabplatte im Dominneren rechts hinten unter der Orgelempore angebracht ist, nachdem sie sich bis 1920 an der südlichen Außenwand des Domes befand. Der 1410 in Nürnberg blindgeborene Paumann wurde auf Ansuchen Herzog Albrechts III. 1451 nach München an den Hof berufen. War er auch nicht am Dom angestellt, so ist doch zu vermuten, dass der weit über die Grenzen Bayerns bekannte Meister auch hin und wieder die Orgel der alten Frauenkirche gespielt haben mag. Er starb 1473.

Die Namen der Organisten der Frauenkirche sind in chronologischer Reihenfolge:

1576–1618	Abraham Wißreiter
1618–1634	Hans Lebenhauser
1634–1676	Anton Reidax
1676–1699	Johann Kherner
1699–1713	Johann Prunner
1713–1728	Max Weißenböck
1728–1784	Joseph Mamertus Falter
1784–1792	Franz Anton Stadler
1792–1846	Cajetan Stadler
1846–1899	Karl Ludwig Ziegler
1899–1901	Oskar Reichenbach
1901–1944	Joseph Schmid
1945–1969	Heinrich Wismeyer
1969–2002	Franz Lehrndorfer
2002–2003	Michael Hartmann (interim)
2003–	Hans Leitner

Peter Pfister

Drei Päpste in der Frauenkirche

Drei Päpste besuchten bisher die Münchener Frauenkirche: Papst Pius VI. (1775–1799) im Jahre 1782, Papst Johannes Paul II. (1978–2005) im Jahre 1980 und Papst Benedikt XVI. (ab 2005) im Jahre 2006.

Papst Pius VI. kam aus Wien, wo er vergeblich versuchte, den staatskirchlichen Reformeifer des Kaisers Joseph II. zu mäßigen. Kaiser Joseph II. hatte im Geist der Aufklärung u.a. den schriftlichen Verkehr der Bischöfe mit dem Papst rigoros unter staatliche Aufsicht gestellt. Die beschaulichen Orden wurden aufgehoben, weil sie nach seiner Staatsauffassung keinen Nutzen brachten. Die Heranbildung des Welt- und Ordensklerus in den Seminarien stellte er unter staatliche Kontrolle. Der Kaiser hatte in Wien dem Papst zwar alle äußeren Ehren erwiesen, fand sich aber zur Änderung seiner Kirchenpolitik nicht bereit. Im Anschluss an diese ergebnislose Unterredung reiste der Papst über Bayern nach Rom zurück. Von Altötting kommend hatte Pius VI. am Abend des 26. April 1782 in München Einzug gehalten. Der Papst wohnte in den Kaiserzimmern der Residenz. Der Papst blieb bis zum 2. Mai 1782 in München. Am 28. April zelebrierte er in der Theatinerkirche St. Kajetan, und am Nachmittag erteilte er auf dem Marienplatz von einem eigens dazu errichteten Balkon aus den Segen. Am 29. April las er in der Frauenkirche die Heilige Messe. Am 29. April 1782 besuchte der Papst die Frauenkirche, wo er auch die Heilige Messe hielt und einer zweiten Messfeier beiwohnte. Zum Empfang des Papstes am Hauptportal der Kirche waren die kurfürstlichen Herren von Trier und Bayern erschienen, genauso wie das gesamte Stiftskapitel Zu Unserer Lieben Frau. Im Dom erklang die Antiphon „Ecce sa-

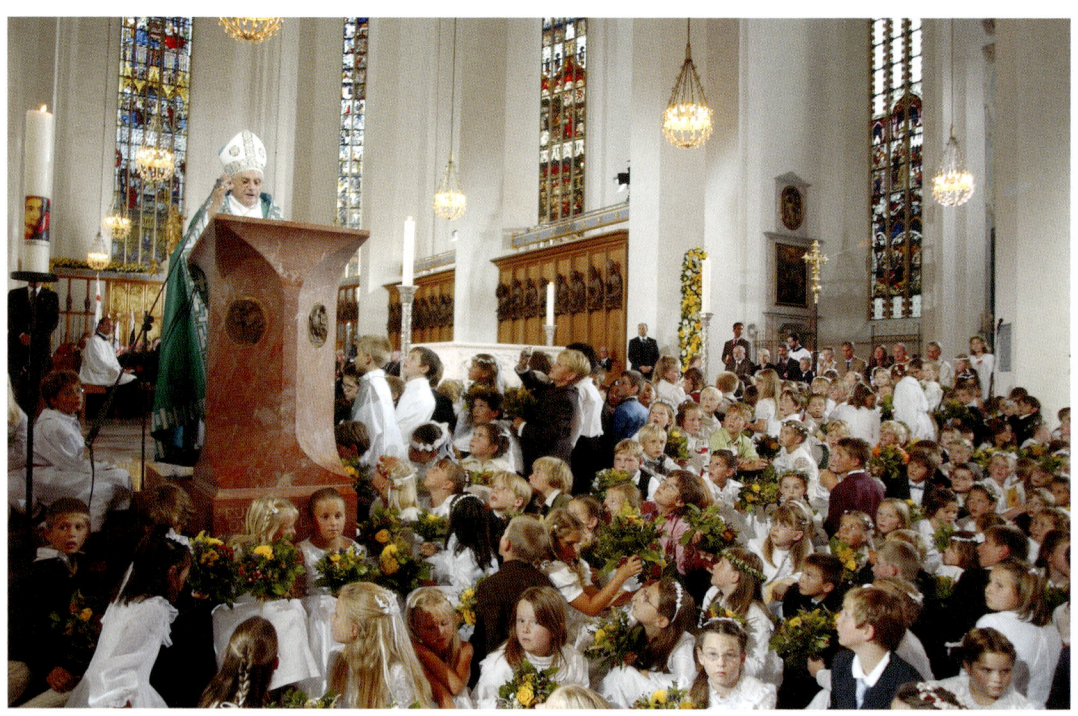

Seite 74–75:
Papst Benedikt XVI.
besucht die Münchener
Frauenkirche am
10. September 2006

cerdos magnus". Der Papst verharrte im Gebet, ebenso die beiden Kurfürsten, ehe er eine „Stille Messe" zelebrierte. Anschließend las der Beichtvater des Papstes eine weitere Messe, ehe er sich in die Sakristei begab, um „dort sehr vilen Damen und anderen Frauen von Ansehen den Handkuß" zu gestatten. Am 1. Mai frühmorgens zelebrierte er erstmals in Münchens ältester Pfarrkirche St. Peter und fuhr danach auf Bitten der Marianischen Männerkongregation in den Bürgersaal.

Ebenso aus Altötting kommend, besuchte fast 200 Jahre später Papst Johannes Paul II. die Münchener Frauenkirche. Bei seiner ersten Pastoralreise durch die Bundesrepublik Deutschland kam er am 19. November 1980 nach München. Mit einem Sonderzug traf er im Münchener Hauptbahnhof ein. Bei nasskaltem Wetter zelebrierte Johannes Paul II. auf der Theresienwiese einen Gottesdienst, der die Thematik „Jugend und Kirche" in besonderer Weise in den Blick nahm. Nachmittags sprach der Heilige Vater

im Herkulessaal zu den Künstlern. Ganz im Zeichen der älteren Generation und der Behinderten stand dann am späten Nachmittag der Gottesdienst im Münchener Dom, zu dem Johannes Paul II. kurz nach 17.00 Uhr eintraf. Die mehr als 3000 geladenen Gläubigen, die sich in einer Korbiniansvesper auf den Besuch des Heiligen Vaters vorbereitet hatten, empfingen den Papst mit Beifall. Beim Gang durch das geschmückte Kirchenschiff blieb er immer wieder bei einigen Behinderten und alten Menschen stehen. Nach einer Meditation in der Krypta des Domes, wo der Papst bei den Gräbern der Verstorbenen verweilte, begrüßte das Oberhaupt der katholischen Kirche die Anwesenden mit einem „Grüß Gott". Auch an jene gewandt, die über Fernsehen oder Radio den Gottesdienst verfolgten, erklärte der Papst, er neige sich in Ehrfurcht vor dem Alter; diesem komme „der Ehrenkranz der Weisheit" zu, der den Menschen über den Dingen stehen lasse, ohne sie zu verachten. Die Älteren stellten eine „notwendige Ergän-

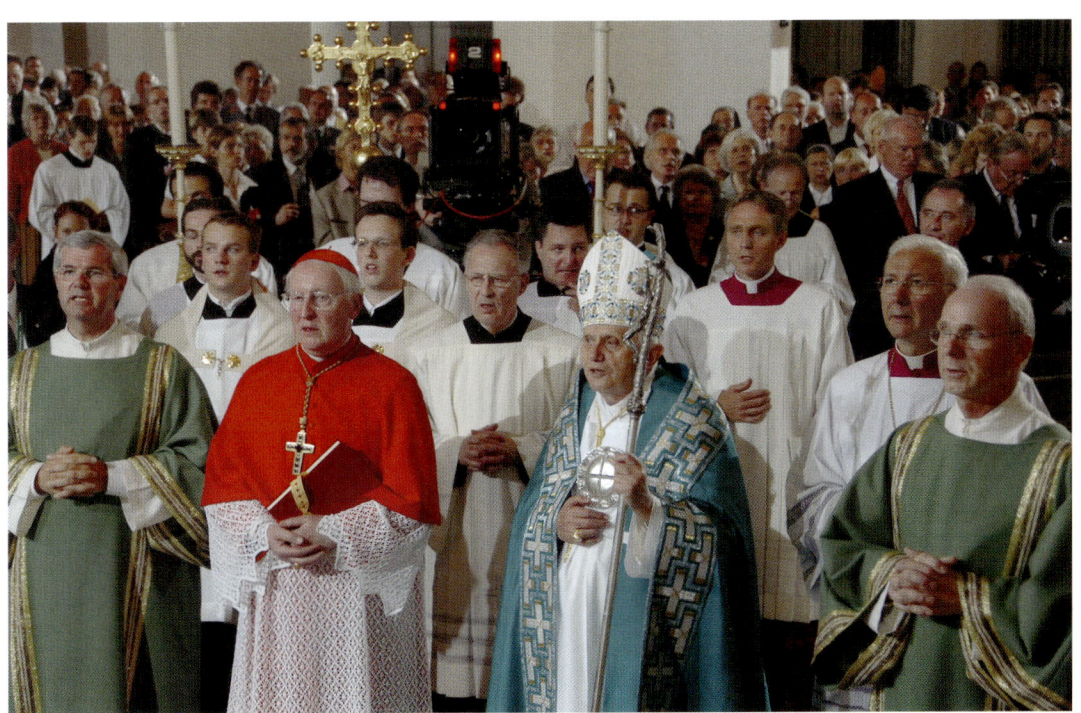

zung" dar, denen neben der Ehre aber auch Trost zustehe. Die Bürde und die Bedrängnisse, so der Heilige Vater, dürften aber trotzdem nicht verharmlost werden. Entscheidende Bedeutung komme dabei der Vertrautheit mit Gott zu. Besonders begrüßte der Papst, dass die Arbeit für Alte immer mehr eine Arbeit mit Alten werde. Zu einem Beifallsturm bemerkte der Heilige Vater: „Ich sehe, dass die Alten ganz streng sind im Applaudieren – nicht weniger als die Jungen". Der Wortgottesdienst endete mit einem Vaterunser und dem päpstlichen Segen.

Auch bei seinem Besuch am 3. Mai 1987 in München kam der Heilige Vater in den Bereich der Münchener Dompfarrei. Nachdem er im Rahmen eines festlichen Gottesdienstes im Münchener Olympiastadion den Jesuitenpater Rupert Mayer SJ selig gesprochen hatte, fuhr er in einem Autokonvoi zur Bürgersaalkirche, um am Grab des neuen Seligen zu beten. Der dicht gedrängte Zeitplan für diesen Tag ließ weder einen Besuch des Münchener Doms noch ein Gebet vor der

Mariensäule, noch einen Besuch am Grab der 1986 selig gesprochenen Schwester Maria Theresia Gerhardinger im Angerkloster zu. Nach einer kurzen Rekreation im Erzbischöflichen Palais war dann am späten Nachmittag desselben Tages Augsburg das nächste Ziel seiner Reise.

In der Zeit vom 9.–14. September 2006 besuchte der frühere Erzbischof von München und Freising, Joseph Kardinal Ratzinger, 25 Jahre Präfekt der Glaubenskongregation in Rom und seit 2005 Papst Benedikt der XVI. seine bayerische Heimat. Nachdem er einen großen Festgottesdienst am Sonntag, 10. September 2006, morgens bei herrlichem Wetter auf dem Freigelände der Neuen Messe München gefeiert hatte, an dem ca. 250 000 Gläubige teilnahmen, traf er nach einer Mittagspause am Sonntagnachmittag desselben Tages nach einer Fahrt im Papamobil in der Münchener Frauenkirche ein, wo er um 17.30 eine Vesper mit jungen Familien, Katecheten, Religionslehrern und Kommunionkindern feierte. Der Papst wurde am Hauptportal des Doms vom Münchener Metropolitankapitel empfangen. Nach einem Gebet in der Chorkapelle vor dem Allerheiligsten und in der Krypta an den Gräbern von Kardinal Michael Faulhaber, der ihn 1951 zum Priester geweiht hatte, und von Kardinal Julius Döpfner, dessen unmittelbarer Nachfolger er als Erzbi-schof von München und Freising von 1977 bis 1982 war, begann die Vesper im Dom. Mit bewegenden Worten wandte er sich an die Eltern, Katecheten und Religionslehrer, in den Familien als Zeugen des christlichen Glaubens die Kinder in ihrem Glauben zu bestärken und zu fördern.

Peter Pfister

Wallfahrten und Gnadenstätten in der Frauenkirche

In der Münchener Frauenkirche sind neun Gnadenstätten nachgewiesen.

◼ Marienverehrung

Das älteste Zeugnis der Marienverehrung ist das noch aus der alten Marienkirche des 13. Jahrhunderts stammende steinerne Vesperbild, das sich heute noch in der Frauenkirche befindet (Bartholomäuskapelle Nr. 25). 1488 wurde es in den fertig gestellten Neubau der Frauenkirche überführt, wo es 1568, als auf dem linken Seitenaltar neben dem Kreuzaltar stehend, bezeugt war. Nachdem der Bennobogen eingebaut war, fand es seinen Platz auf dem Ecce-homo-Altar. Erzbischof Karl August Graf von Reisach bestätigte 1848 ein Marianisches Liebesverbündnis zu diesem Vesperbild.

Von der Mitte des 17. bis zur Mitte des 18. Jahrhunderts fand in einem nördlichen Seitenaltar (Kapelle Nr. 6) das Gnadenbild „Mariä Rosen" hohe Verehrung. In einem Kupferstich von *Michael Wening* wurde der theologische Hintergrund dieser frommen Marienverehrung aufgezeigt: neun Engel symbolisieren die Lobpreisungen an die Gottesmutter Maria in Blumengleichnissen.

Die kürzeste Verehrung erfuhren zwei Marienbilder, die 1732 und 1818 durch eine so genannte Augenwende für einige Tage berühmt geworden waren. Ins Gebet versunken, stellte 1818 ein Gläubiger plötzlich fest, dass die holzgeschnittene Madonnenfigur vor ihm die Augen bewegte. Daraufhin machte er sofort seinen Bank-Nachbarn aufmerksam. Über eventu-

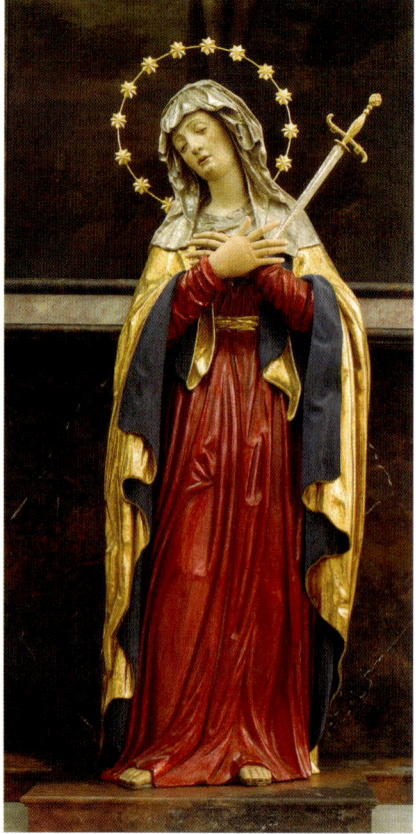

Gnadenbild der Mater Dolorosa in der Sieben-Schmerzen-Kapelle

Kapelle 25
Kapelle des Apostels
Bartholomäus und des
hl. Veit, Pieta, farbig
gefasstes Vesperbild
aus Stein, salzburgisch,
um 1400

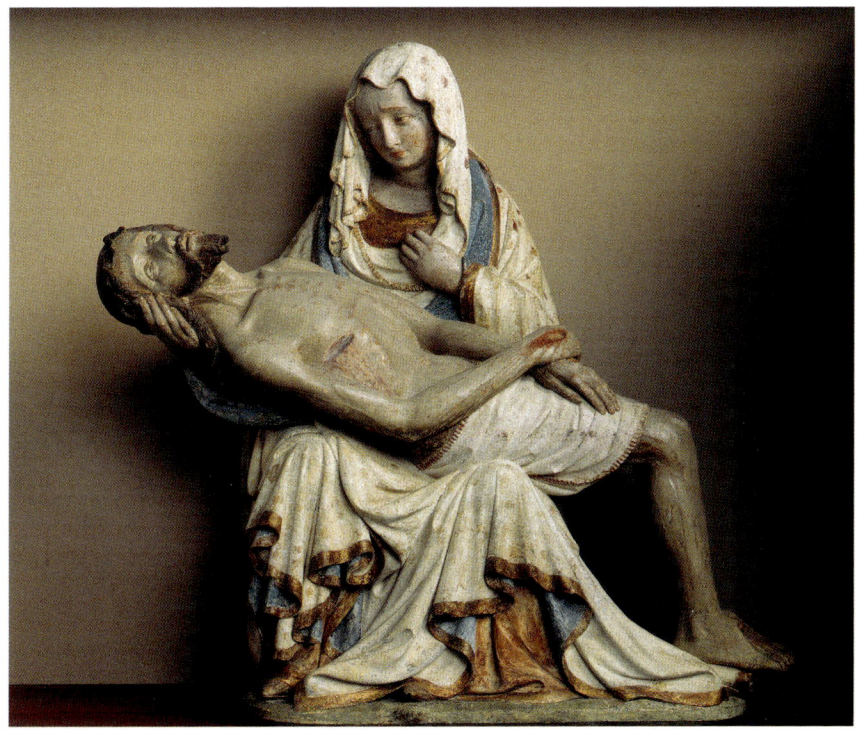

elle physikalische Auswirkungen einer aufflackernden Kerze machte sich keiner Gedanken. Diese Wundernachricht verbreitete sich in Windeseile in der ganzen Stadt München. Man glaubte in diesem Wunder der Augenwende eine in dem Bild besonders immanente göttliche Gnade zu erkennen. Schon wenige Tage nach Bekanntwerden strömte das gläubige Volk in großen Scharen zu diesem Mutter-Gottes-Bild in die Frauenkirche, was dazu führte, dass das Bildnis entfernt werden musste, da man fürchtete, die Gläubigen würden nicht zur Arbeit zurückkehren. Ein ähnlicher Fall ist aus dem 1732 überliefert, als ein anderes Bild in der Frauenkirche die Augen verdrehte. Auch dieses Bild musste entfernt werden.

Kreuzverehrung

Nach 1730 wurde für mehrere Jahrzehnte das so genannte „Schwarze Kreuz" verehrt: ein kleiner versilberter Bronze-Kruzifixus mit abgebrochenen Füßen, von einem Grabmal für einen Offizier auf dem Frauenfriedhof stammend. Es hatte zu Lebzeiten dem Offizier als Brustkreuz gedient und dabei wie ein Kugelfang diesem Soldaten das Leben gerettet. Das Kreuz wurde so sehr verehrt, dass es in das Innere der Frauenkirche transferiert wurde, wo es bis 1944 aufgestellt war.

Die Verehrung der hll. Arsatius, Benno und Johann Nepomuk

Mit der Einrichtung des Kollegiatstifts Zu Unserer Lieben Frau an der neuen Frauenkirche 1495 und mit der Translation des Leibes des hl. Arsatius von Ilmmünster nach München nahm 1495 die Verehrung des hl. Arsatius in der Frauenkirche ihren Anfang. Die Reliquien des hl. Arsatius kamen in einem prächtigen Schrein auf den

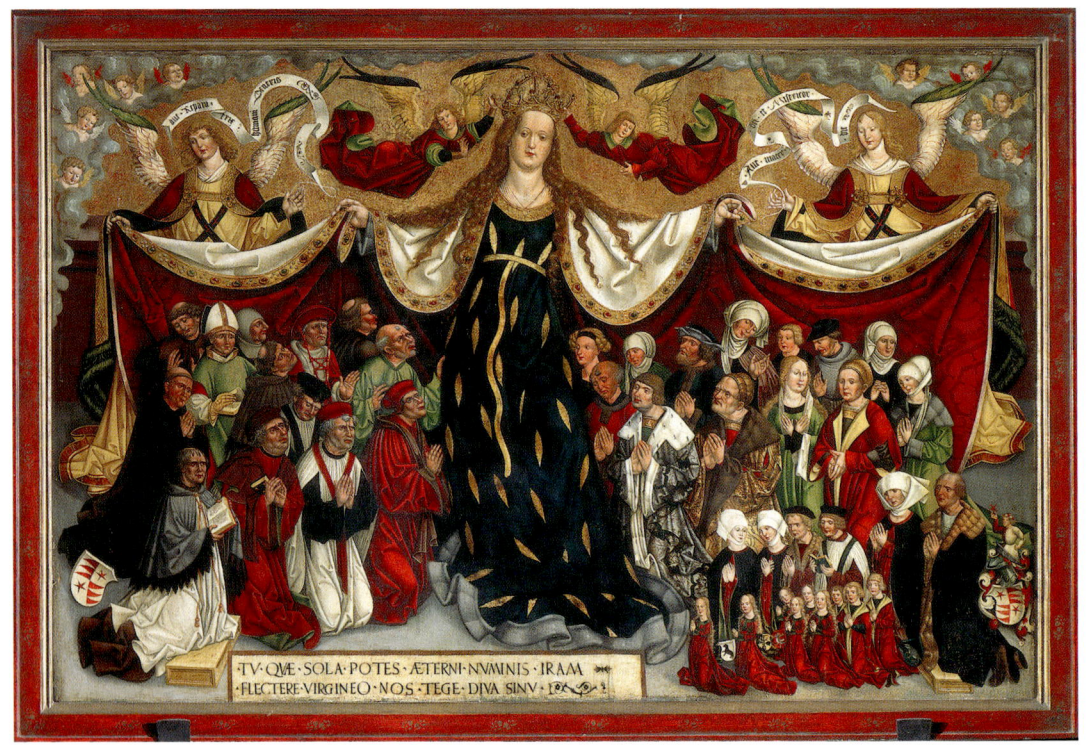

TV·QVE·SOLA·POTES·ÆTERNI·NVMINIS·IRAM
FLECTERE·VIRGINEO·NOS·TEGE·DIVA·SINV·

Kapelle 15
Chorscheitelkapelle,
Schutzmantelmadonna,
um 1510

Kreuzaltar an den Stufen des Chors der Frauenkirche, wo sie für einige Zeit hochverehrt wurden. Herzog Albrecht IV. stiftete einen kostbaren Silbersarg, von dem heute noch der kunstvolle Deckel erhalten ist (von *Hans Löffler*, Goldschmied in München, 1496 gestaltet). Der hl. Arsatius ist den Münchenern nie ein Volksheiliger geworden. Als ein neuer Kreuzaltar gebaut wurde, brachte man den Reliquienschrein in die Altöttinger Kapelle. 1846 haben Erzbischof und Domkapitel die Reliquien nach Ilmmünster zurückgegeben. Verehrt wurde Arsatius in Ilmmünster (vor 1495) zuerst als Konfessor, ab Mitte des 13. Jahrhunderts erschien er als Bischof. Die Wallfahrt zum hl. Arsatius wurde um 1580 abgelöst von der Benno-Wallfahrt in die Frauenkirche (s. hierzu gesonderten Beitrag auf Seite 80). Wallfahrtsziel in der Frauenkirche war auch eine Johann-Nepomuk-Reliquie in einem Bergkristall-Schrein. Betreut wurde dieser Schrein von der 1724

Seite 79:
Das Innere der
Frauenkirche nach
Westen von Max
Emanuel Ainmiller,
1837

gegründeten Johann-Nepomuk-Bruderschaft. Diese war von einigen Mitgliedern der wesentlich älteren „Erzbruderschaft Unsere Liebe Frau von Altötting" ins Leben gerufen worden. Die Altöttinger Bruderschaft hatte ihren Sitz in der Chorhauptkapelle der Frauenkirche, wo eine Kopie des Altöttinger Gnadenbildes verehrt wurde. Die Reliquie des hl. Johannes Nepomuk kam auf Veranlassung der bayerischen Herzogin Anna Carolina, der Gattin des Herzogs Ferdinand, eines Sohnes Max Emanuels, am 3. Juli 1730 in die Frauenkirche. Die Übergabe dieser Reliquie wurde mit einer 8-tägigen Feier in der Frauenkirche begangen. Die Herzogin verband mit der Reliquienschenkung noch eine weitere Gabe, nämlich einen ganzen, von ihr selbst gefertigten Ornat, einen Tabernakel und eine schwere silberne Lampe. Diese Geschenke sind heute nicht mehr auffindbar.

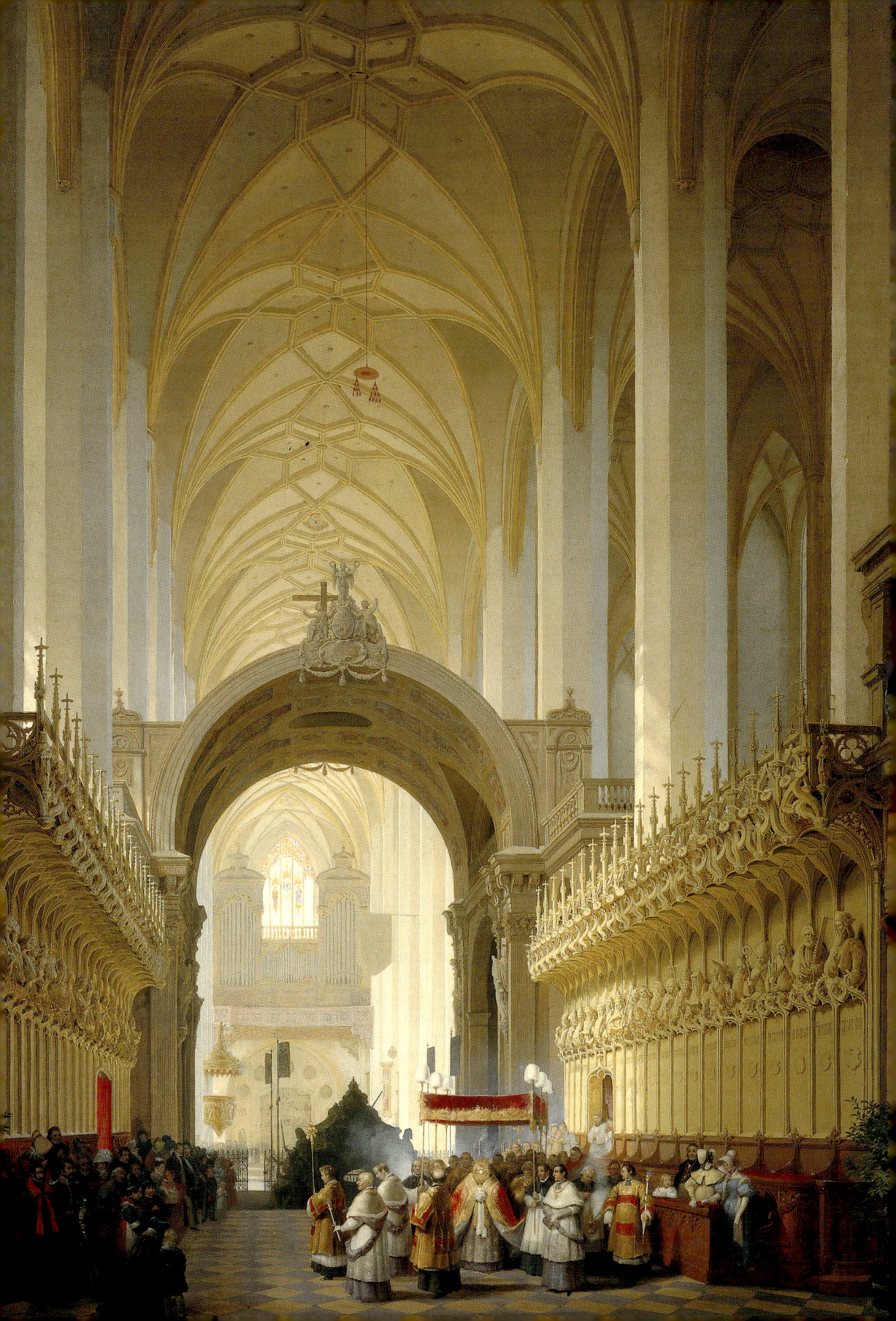

Peter Pfister

Sächsischer Bischof – Bayerischer Heiliger: Der hl. Benno

Neben der Schmerzensmutter in der Herzog-Spital-Kirche war der Benno-Altar in der Frauenkirche die berühmteste Gnadenstätte Münchens. Benno war von 1066 bis 1106 Bischof von Meißen. Schon bald nach seinem Tod wurde Bischof Benno wie ein Heiliger verehrt. Am 13. Mai 1523 hatte der deutsche Papst Hadrian VI. durch die Päpstliche Bulle Excelsus Dominus nach Betreiben des Markgrafen Georg von Meißen und dessen Sekretär Hieronymus Emser Benno zur Ehre der Altäre erhoben. Diese feierliche Erhebung veranlasste ein Jahr später Martin Luther zu einer Publikation mit dem Titel „Wider den neuen Abgott und alten Teufel, der zu Meißen soll erhoben werden". Damit wurde ein literarischer Kampf ausgelöst, wie er wohl sonst um keinen Heiligen geführt worden war. Durch die große Publizität des Streitfalls und die drohende Zerstörung der Verehrungsstätte im Meißener Dom fühlten sich die bayerischen Herzöge als überzeugte Anhänger der katholischen Reform herausgefordert. Als Herzog Georg kinderlos starb und sein Bruder Heinrich in Sachsen den protestantischen Glauben einführte, konnten die Domherren und der Bischof von Meißen noch rechtzeitig vor der Zerstörung des Hochgrabs die Reliquien Bennos in Sicherheit bringen. Die heimliche Rettung der Gemeinde durch Herzog Albrecht V. nach München im Jahr 1576 wurde als Sieg im Glaubenskampf gewertet und als persönlicher Triumph des Hauses Wittelsbach gefeiert. Das Heiligtum wurde zunächst in der Hofkapelle aufbewahrt und ab 1580 zur öffentlichen Verehrung in die Frauenkirche übertragen. Der hl. Benno wurde als Schutzpatron der Stadt München und des Herzogtums Bayern feierlich pro-

klamiert. Herzog Albrecht V. verfügte als endgültigen Beisetzungsort der Reliquien die Nähe zur Wittelsbacher Fürstengruft, die sich unter dem Altarraum der Frauenkirche befand. Der Zustrom von Gläubigen wuchs an. Erste Gebetserhörungen wurden in Mirakelbüchern aufgezeichnet, zahlreiche Votivgaben dem Heiligen zum Dank dargebracht. Die 1603 gegründete Benno-Bruderschaft unterstützte verarmte Bürger und Handwerker der Stadt und half Waisen beim Erlernen eines Handwerks. Der damalige Stiftspfarrer, Dr. Wolfgang Hannemann, regte die Erstellung eines prachtvollen Reliquiars mit einer großen Silberbüste des Heiligen an. Mit Spenden des Hofes und der Münchener Bürgerschaft konnte das Reliquiar gefertigt werden, das bis heute die Benno-Reliquien beherbergt. Noch im Juni 1603 wurde mit dem Bau einer Benno-Sakristei begonnen, und 1604 wurde nach einem Entwurf von Hans Krumpper der Benno-Bogen errichtet, der bis 1858 die Münchener Frauenkirche schmückte: In das Mittelschiff der spätgotischen Hallenkirche wurde ein nach allen vier Seiten geöffneter Ruhmesbau nach Art eines antiken Triumphbogens gestellt, der den Kreuzaltar und das dahinter liegende barocke Grabmonument des Wittelsbacher Kaisers Ludwigs des Bayern (gest. 1347) überwölbte.

Es sind von den zahlreichen Votivgaben, die dem hl. Benno zum Dank dargebracht wurden, nur wenige erhalten. In der Bennokapelle (Nr. 19) ist noch das Geschenk des bayerischen Kurfürsten Maximilian (gest. 1651) an den Heiligen zu sehen: Er dankte für die beiden Söhne, die ihm in fortgeschrittenem Alter noch von seiner zweiten Ehefrau geboren wurden, mit zwei lebensgroßen Wachsfiguren der Prinzen Ferdinand Maria (des späteren

Seite 81: Kapelle 19 Bennokapelle: Reliquiar und Silberbüste des hl. Benno, 1604

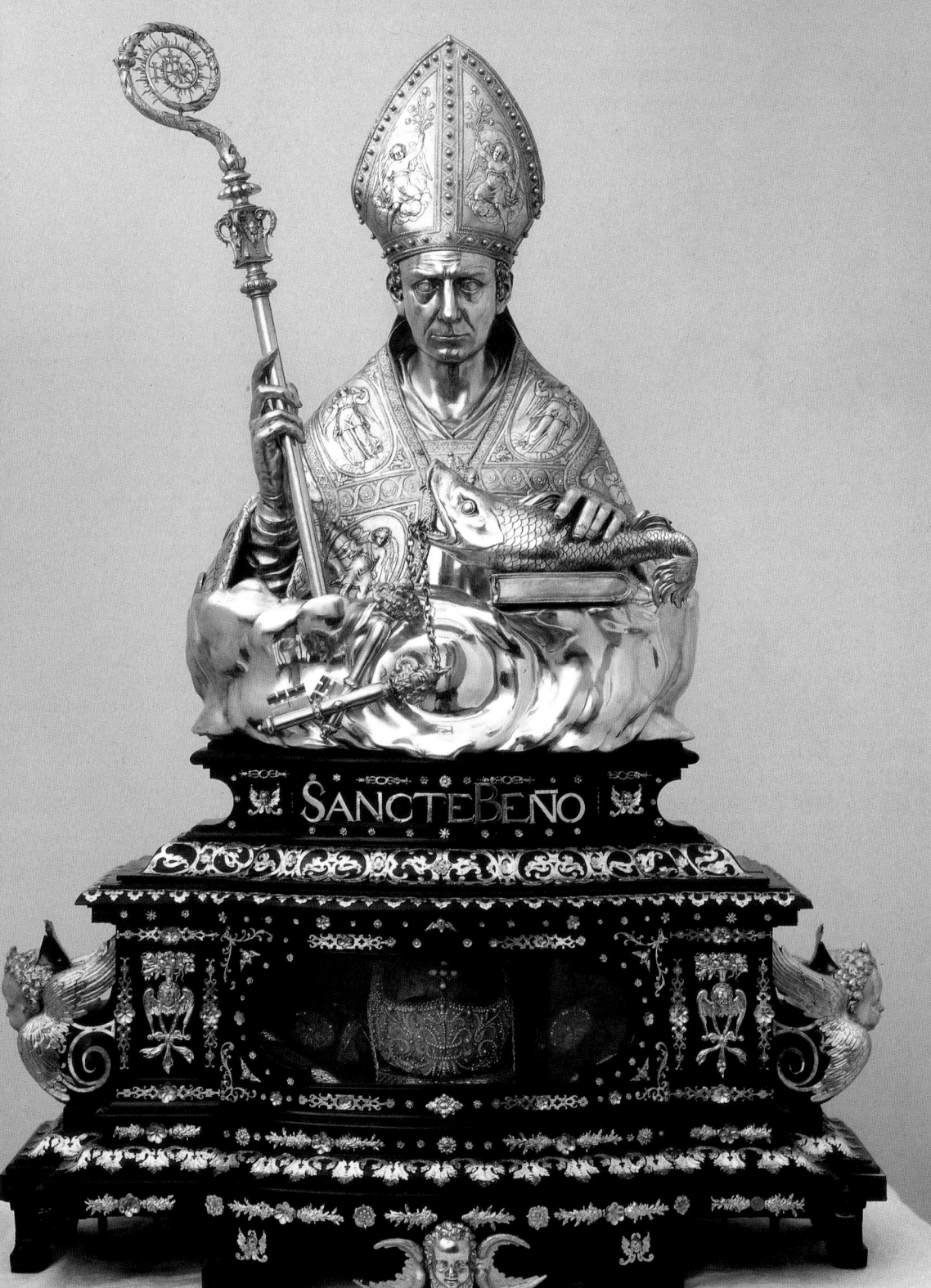

SANCTE BEÑO

Kurfürsten) und Maximilian Philipp. 1698 wurde durch Kurfürst Max Emanuel der 16. Juni zum Feiertag erklärt und das Benno-Fest sogar in den spanischen Niederlanden, wo Max Emanuel Statthalter war, eingeführt.

Auch heute noch ist der hl. Benno Patron von München und Bayern. Das kommt zum Ausdruck in seiner liturgischen Vorrangstellung, in vielen Abbildungen und Figuren in bayerischen Kirchen und Kapellen und auch in dem seit den 1970er Jahren in München wieder feierlich begangenen Benno-Fest.

Nach den Zerstörungen des Zweiten Weltkriegs erhielt die Bennokapelle zunächst eine sehr schlichte Gestaltung. Das 500-jährige Weihejubiläum der Frauenkirche 1994 gab Anlass, ein neues Retabel zu komponieren, in dessen Mittelpunkt die Benno-Büste steht. Im Sockel des Altaraufbaus ist der Benno-Stab sichtbar verwahrt. Das Gewand des hl. Benno befindet sich in einem neugotischen Holzschrein an der Rückseite der Kapelle, zu dessen Seiten knien die beiden wächsernen Votivfiguren Wittelsbacher Prinzen. Das neu geschaffene Kapellengitter wird gekrönt vom Symbol des hl. Benno, dem Fisch mit Schlüsseln.

Benno wird mit Fisch und Schlüssel dargestellt. Dazu wird folgende Legende erzählt: Im Zuge der politischen Wirren seiner Zeit musste Benno für drei Jahre seinen Bischofssitz verlassen. Über seine Rückkehr nach Meißen 1088 heißt es: „Benno kam unerkannt als Pilger in seine Bischofsstadt und kehrte dort in einen Gasthof ein. Ein ungewöhnlich großer Fisch, der eben in der Elbe gefangen worden war, wurde dem Wirt gebracht. Bei der Zubereitung des Fisches fand sich unter den Kiemen des Fisches der Domschlüssel, den der Bischof bei seiner Flucht in den Fluss geworfen hatte. Rasch verbreitete sich die Nachricht von diesem Vorfall und von der Rückkehr Bennos. Daraufhin eilten die Domherrn und das Volk dem Bischof entgegen, begleiteten ihn in seinen Dom".

Fisch und Schlüssel dieser Legende sind symbolisch zu deuten: Der Fisch ist ein Zeichen für Christus selbst, und der Schlüssel ist ein Symbol für die Binde- und Lösegewalt, die Christus dem Petrus, dem obersten Hirten der Kirche, übertragen hat.

Peter Pfister

Rund um den Dom: Die Epitaphien am Dom, Gang entlang des Pfarrsprengels der Dompfarrei

■ Die Epitaphien am Dom

Für die beiden 1271 errichteten Stadtpfarreien wurden zugleich neue Friedhöfe angelegt. Der Friedhof von St. Peter entstand im Hackenviertel, rund um die heutige Kreuzkirche, und der Friedhof der Frauenkirche im Kreuzviertel an der Stadtmauer beim Jungfernturm. Auf dem Frauenfriedhof errichtete Lukas Rottaler in der Zeit von 1494 bis 1499 die Salvatorkirche, die das Patrozinium von einer alten Salvator- oder Unsers-Herrn-Kapelle am Stadtgraben vor dem Schwabinger Tor erhielt. Diese musste 1492 einer neuen Torbastei weichen. Die Salvatorkirche wurde 1803 im Zuge der Säkularisation profaniert. Sie wurde bis zur Übergabe durch König Ludwig I. 1829 an die Griechische Gemeinde in München als Wagenabstellplatz und als Salpeterdepot verwendet. Für die Frauenpfarrei existierte also der Friedhof um die Salvatorkirche und

Seite 83: Hauptportal von Ignaz Günther

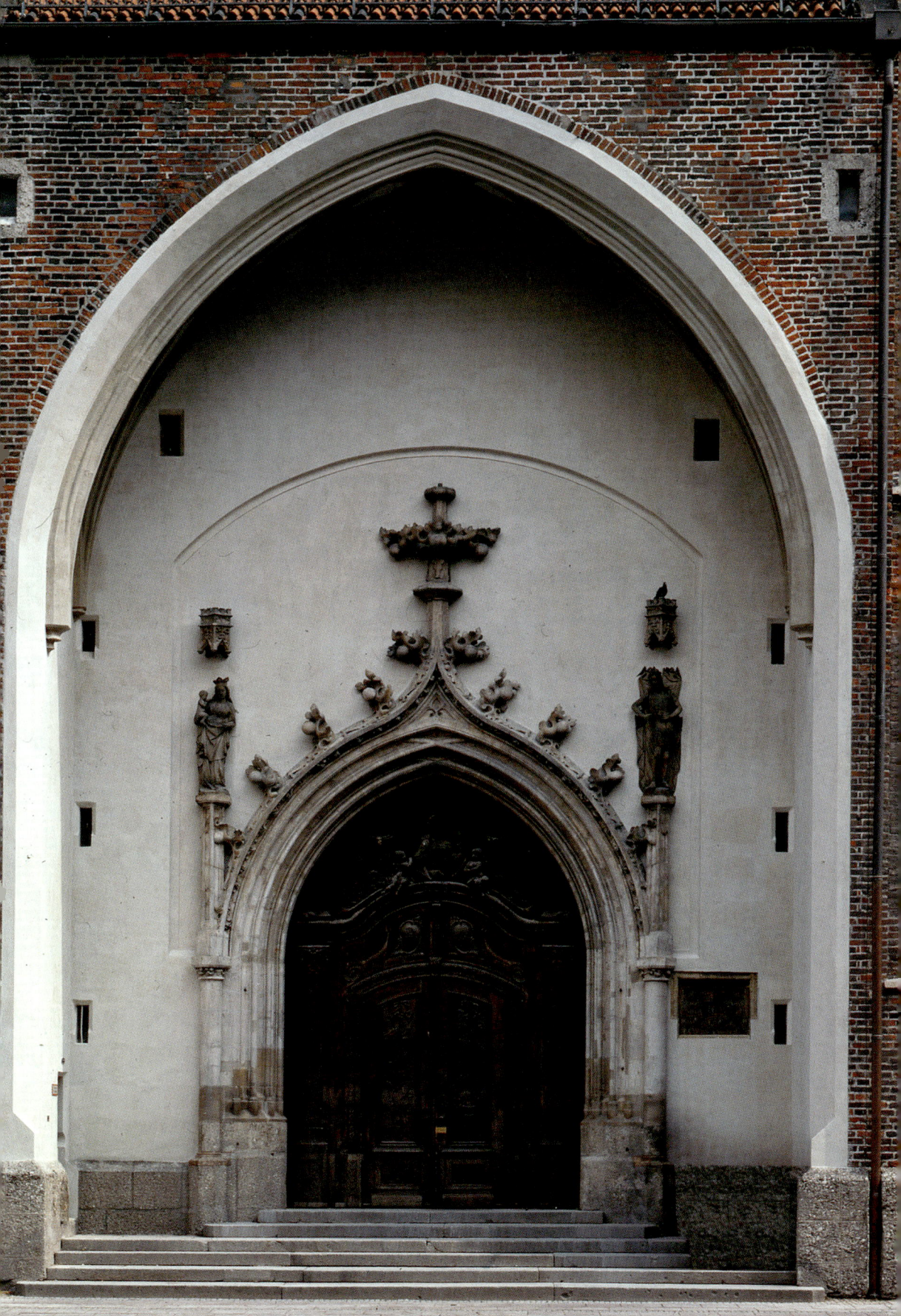

der alte Frauenfriedhof unmittelbar rund um die Kirche, der ab dem 15. Jahrhundert nur mehr aus einem schmalen umlaufenden Streifen um die Kirche bestand. Ebenso gab es rund um die Pfarrkirche St. Peter einen kleinen Friedhof und den etwas größeren bei der Kreuzkirche. Der Frauenfriedhof rund um die Kirche war 1773 geschlossen worden. Es waren dort nur noch Bestattungen in alten Familiengräbern erfolgt. 1789 wurde der Friedhof bei der Salvatorkirche aufgelassen. Ihre letzte Ruhe fanden die Münchener nun vor den Toren der Stadt: der südliche Friedhof um St. Stephan (schon ab dem 16. Jahrhundert Begräbnisstätte für die armen Leute) wurde nun zum Gesamtfriedhof. Wer die finanziellen Mittel aufbringen konnte, sorgte dafür, dass der Grabstein seiner Vorfahren aus den aufgelassenen

Friedhöfen der Frauenpfarrei an die Außenwand der Frauenkirche und teilweise auch in das Innere versetzt wurde. So stammen die Epitaphien an der Außenseite der Frauenkirche zum Großteil aus dem Münchener Patriziat und zu einem kleineren Teil von den höheren bayerischen Beamten. Die Familie Ligsalz ist mit sieben Inschriften das meist vertretene Geschlecht. Eine große Beerdigung und einen Grabstein konnten sich ohnedies in der alten Zeit nur wohlhabende Münchener Bürger leisten. Der Großteil der Bevölkerung brachte ein kleines, bald vermoderndes Holzkreuz auf den Gräbern an und bezahlte für die Beerdigung nur ein paar Kreuzer. Mehrere Gulden allein für die Exequien, die Messen und Prozessionen und für einen Grabstein hatten diejenigen zu bezahlen, deren Namen auf einem der Epitaphien der Frauenkirche zu lesen ist. Freilich sind nicht alle seit dem 15. Jahrhundert an der Frauenkirche angebrachten Grab- und Gedenksteine bis in unsere Zeit erhalten geblieben. Die Witterung, Ersetzung älterer Steine durch neuere und zuletzt die Kriegszerstörung des Doms 1943 waren der Grund dafür.

In den 1980er Jahren hatte die Messerschmitt-Stiftung eine Restaurierung und Konservierung der Epitaphien am Münchener Dom durchgeführt. Dadurch konnten viele von schädlichen Umwelteinflüssen bedrohte Steine gerettet werden. Moderne Verfahren der Steinkonservierung wurden angewendet. Am Südost-Portal erinnert eine Ehrentafel an den Beitrag der Messerschmitt-Stiftung zur Erhaltung der Epitaphien, aufgestellt am 27. Oktober 1986.

Zu den wichtigsten Zeugnissen der Münchener Stadtgeschichte zählen dabei das **Rotmarmor-Epitaph** des Bildhauers und Malers **Cosmas Damian Asam**, der am 10. Mai 1739 in München verstorben war. Im Südosten an der Außenwand des Chores erinnert ein **Rotmarmor-Stein** mit weißem Kalksteinrahmen an **Georg Thomas Le-**

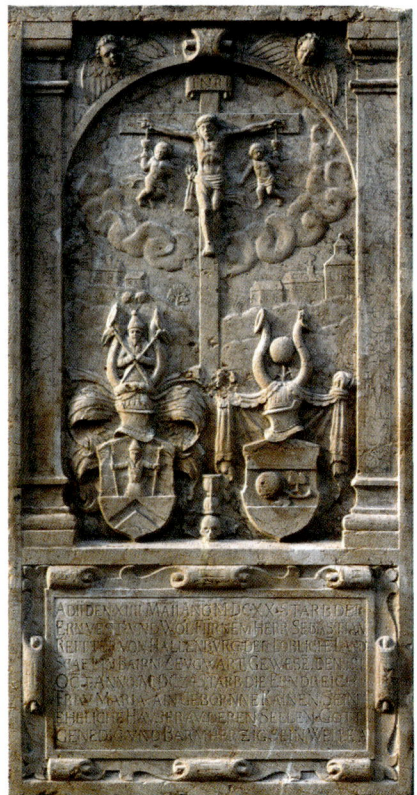

Epitaph von Sebastian Reitter von Hallenburg, 1624, Landschaftszeugwart

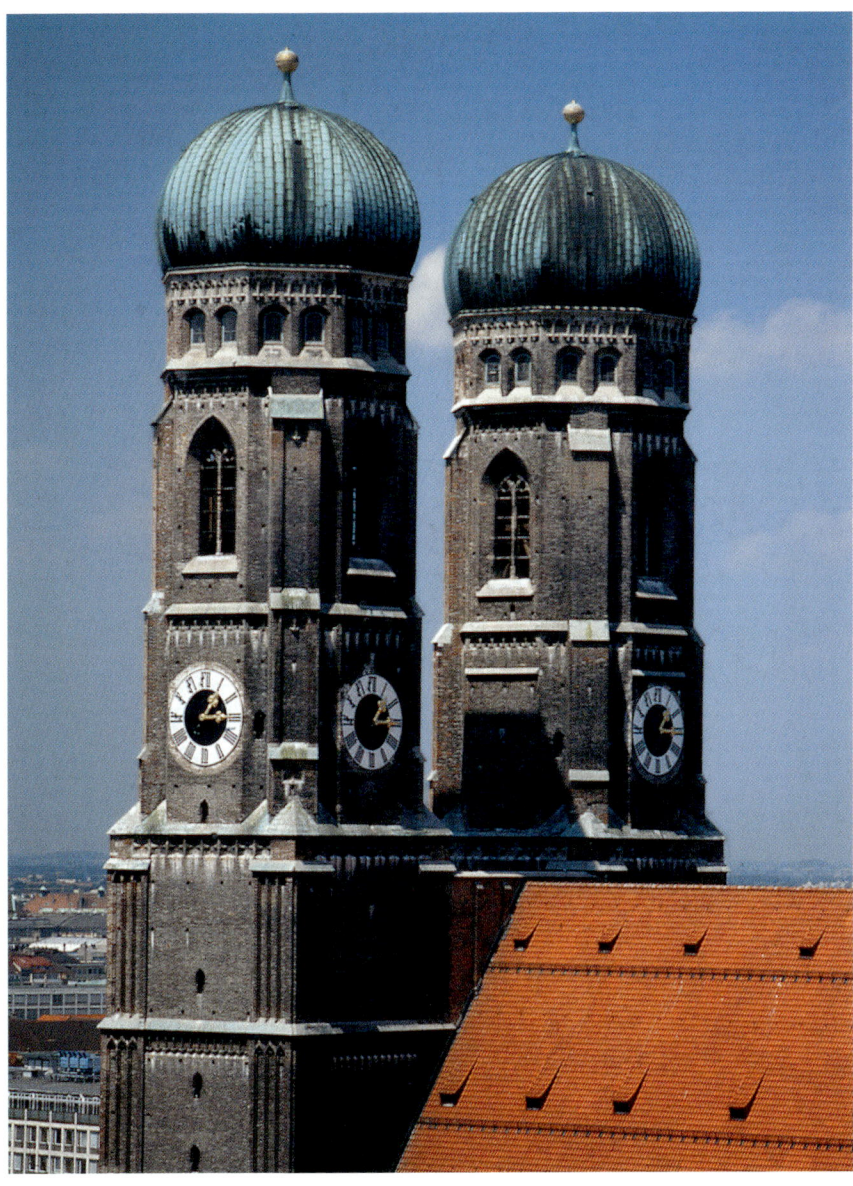

onhard Dos, dessen Vorfahren aus der Gegend um Waldsassen in der Oberpfalz stammten. Dos wurde 1740 von Kaiser Karl VI. geadelt. 1742 wurde er als kurfürstlicher Rat und Landschaftskassier mit 19 anderen Geiseln von den Österreichern nach Graz verschleppt. Am 2. August 1757 war er verstorben. Noch zu seinen Lebzeiten im Jahr 1627 setzte sich Christoph Ligsalz ein Epitaph, das zwischen dem im Gebet knienden Kanoniker Ligsalz und dem Kreuz eine Ansicht von München mit den Frauentürmen und dem zwischen 1607 und 1621 neu aufgesetzten Turmhelm von St. Peter zeigt. Der Patrizier Christoph Ligsalz, der am 11. Dezember 1597 sein Kanonikat im Stift Zu Unserer Lieben Frau als Nachfolger von Johann Georg Tichtl erhalten hatte, erhielt 1603 den Titel eines Geistlichen Rats. Bis zu seinem Lebensende am 29. Oktober 1646 war er Chorherr am Stift. Dieses

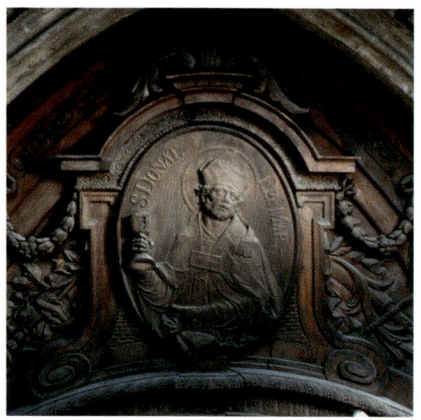

schöne Rotmarmor-Epitaph ist ebenfalls an der Südostseite der Frauenkirche zu sehen.

Das Brautportal und die Sonnenuhr

Das südöstliche Portal der Frauenkirche heißt Brautportal, da von dort aus
die Brautpaare die Kirche betreten
haben. Es war im Mittelalter nämlich
gemäß des gültigen Trauritus der Kirche eine Art Prüfung der Vorausset-
zungen für die Eheschließung vor dem
Eingang der Kirche vorgesetzt worden:
„in facie ecclesiae". Danach betrat das
Brautpaar erst die Kirche, wo dann im
Rahmen der Feierlichkeiten seit dem
15. Jahrhundert der Priester nach dem
Konsensaustausch die Brautleute mit
der Trauungsformel zusammengab.
Seit dem Konzil von Trient wurde die
Eheschließung ja formpflichtig. Über
dem Brautportal war seit 1514 eine
große Sonnenuhr angebracht, die 1996
nach umfangreicher Restaurierung
(infolge der Kriegszerstörung) auf 45
qm frischem Kalkputz mit Erdfarben
aufgemalt wurde. So kann diese Sonnenuhr auch als Zeichen der Hoffnung
und Zuversicht für familiäres Glück
gesehen werden. – Zugleich ist an diesem Portal links in Form von Gedenk-
steinen an die Grundsteinlegung der
Frauenkirche 1468 erinnert.

Die räumlichen Grenzen der Dompfarrei

Im Bereich der heutigen Metropolitan-
pfarrei Zu Unserer Lieben Frau leben
im Zuge der Entvölkerung der In-
nenstadt nur noch 399 Katholiken
(Stand: 1.10.2007). Die bedeutendsten
Münchener Kirchen gehören alle
zur Dompfarrei: die Theatinerkirche
(Stiftskirche St. Kajetan), die St.-Mi-
chaels-Hof-Kirche, die Bürgersaalkirche und die Dreifaltigkeitskirche. Aus-
gehend von der Herzog-Spital-Straße
über das Altheimer Eck, das an die
wohl früheste Siedlung Münchens,
das Dorf Altheim erinnert, über das
Endstück des Färbergrabens, nach den
Färbern am Wassergraben entlang der
ersten Stadtmauer benannt, führt die
Pfarrgrenze zur Kaufingerstraße,
schwenkt aber dann gleich wieder in
die Fürstenfelder Straße, in der früher
das Zisterzienserkloster Fürstenfeld
seit 1289 eine Niederlassung (Stadt-
hof) hatte. Der Weg führt dann nach
links in die Rosenstraße, die ihren
Namen vielleicht von einem Marien-
Hausbild „Rosa Mystica" herleitet.
Dann kommt man zum Marienplatz.
Das Thomas-Eck, das Cafe am Dom,
der Donisl, auch das Rathaus gehören
zur Dompfarrei. Der Marienplatz
selbst allerdings mit der Mariensäule
gehört zur St.-Peter-Pfarrei. Die Pa-
trona Bavariae der Mariensäule auf
dem schlanken Schaft aus Untersber-
ger Marmor stand allerdings früher
am Hochaltar in der Frauenkirche.
Kurfürst Maximilian I. hatte sie am 7.
November 1638 auf die Säule inmit-
ten des Marienplatzes stellen lassen.
Damit erfüllte der Kurfürst sein Ge-
lübde, ein gottgefälliges Werk errichten zu lassen, falls während der
schwedischen Besetzung München
von Zerstörung verschont bliebe. Die
Pfarrgrenze biegt dann vom Marienplatz nach Norden ab, vorbei an dem
vom Dombaumeister Jörg von Halspach erbauten Alten Rathaus in die
Burgstraße. Durch den Torbogen ge-

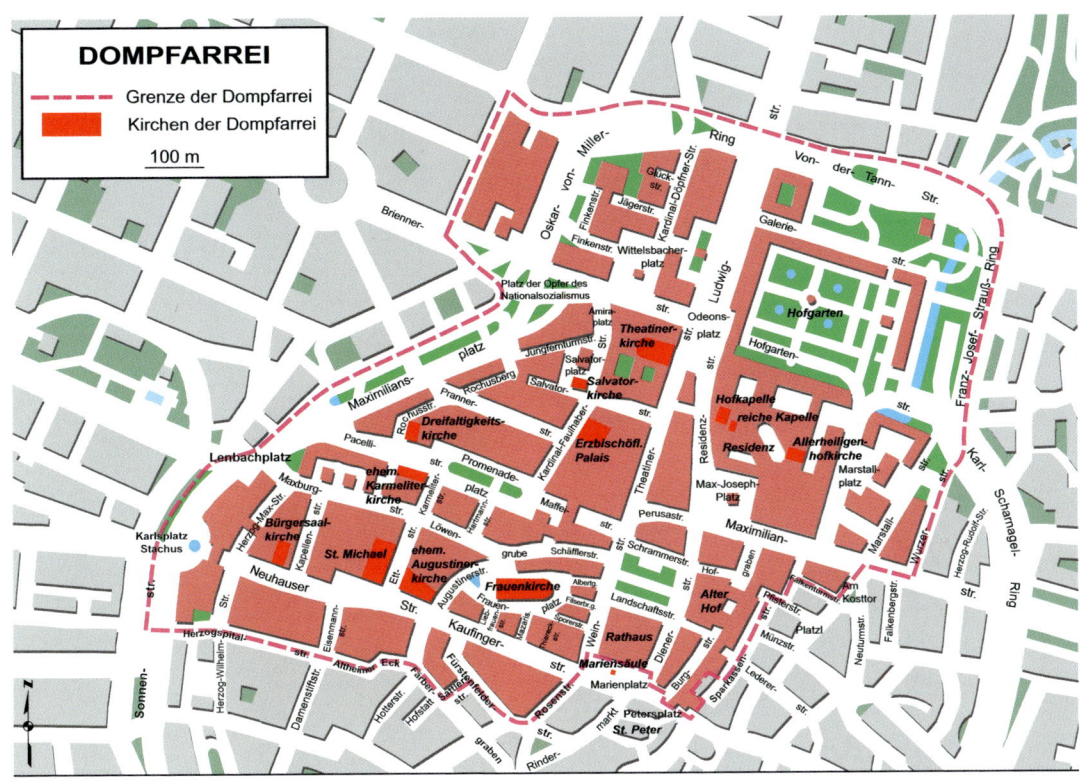

DOMPFARREI

--- Grenze der Dompfarrei

■ Kirchen der Dompfarrei

100 m

Die Dompfarrei, Pfarrgrenzen

langen wir in den Alten Hof, die erste ständige Kaiserburg, in der Kaiser Ludwig der Bayer aufwuchs und residierte. Durch den nördlichen Torbogen verlassen wir den Burghof. Über den Hofgraben, vorbei an der ehemaligen Hauptpost, wo 1849 die erste bayerische Briefmarke, der „Schwarze Einser", ausgegeben wurde, und am Münzhof, erreichen wir die Maximilianstraße, wo uns das Nationaltheater entgegenstrahlt. Dort, vor diesem Theater, wo heute das Standbild Max' I. Joseph den Platz ziert, stand früher bis zum Bau des Hoftheaters im Jahr 1818 das Franziskanerkloster von 1286 mit der Agnes-Kapelle und dem Friedhof. Am Hotel „Vier Jahreszeiten" vorbei schwenken wir, der Pfarrgrenze folgend, in die Wurzerstraße ein, früher Pilotystraße genannt; durch das Wurzertor, früher ein Teil der Stadtmauer, kommt man über den Karl-Scharnagl-Ring bis zum Prinz-

Carl-Palais, das zu Beginn des 19. Jahrhunderts vom Prinzen Carl, dem Bruder Ludwigs I., und bis zur Revolution 1918/19 von österreichischen Gesandten bewohnt worden war. Von-der-Tann-Straße, Ludwigstraße, Gabelsbergerstraße, Türkenstraße sind die nächsten Punkte der Pfarrgrenze. Die Türkenstraße deutet noch heute auf den Türkengraben, den Kurfürst Max Emanuel als Seitenarm des Nymphenburger Kanals von seinen türkischen Kriegsgefangenen ausheben ließ, hin. Stadteinwärts die Brienner Straße entlang bis zum Maximiliansplatz, weiter bis zum Lenbachplatz, den der monumentale Brunnen Adolf Hildebrands ziert, verläuft der Weg. Die Kapuziner hatten hier bis zum Beginn des 19. Jahrhunderts ihr Kloster. Der Kreis des geistlichen Sprengels der Dompfarrei schließt sich dann über den Karlsplatz-Stachus hin in die Herzog-Spital-Straße.

Frauenkirche
von Westen mit
großem Platz davor

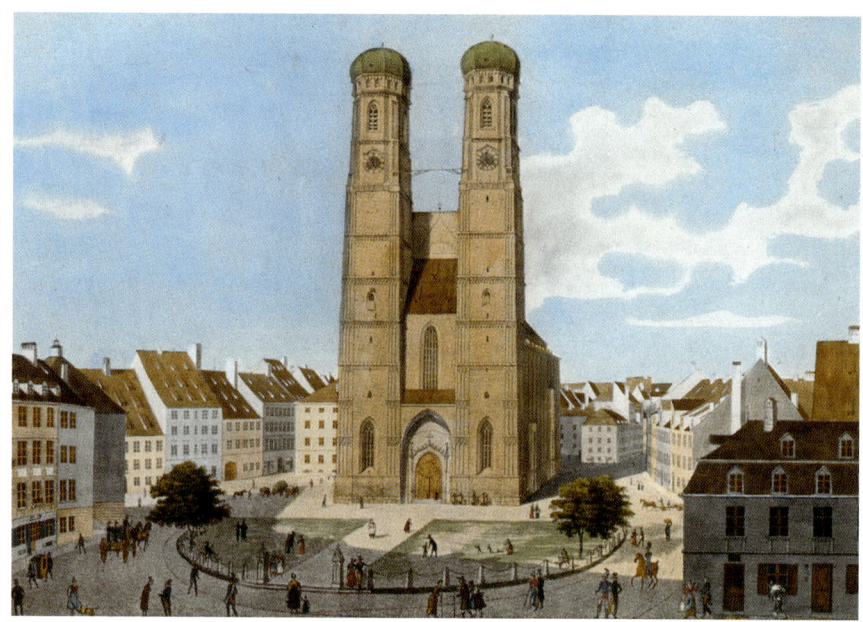

Seite 89:
Monumentales
Chorbogenkreuz 1954
von Josef Henselmann

Karl-Ludwig Nies

Die Münchner Domglocken

Nr.	Name	Nominal	Gewicht	Durchmesser	Gussjahr	Turm	
1	**Susanna** „Salveglocke"	a° + 5 (mit „Unter- ton" f°)	ca. 8.000 kg	206 cm	1490	Nord	„schönste mittel- alterliche Glocke Süddeutschlands"
2	**Frauenglocke** (Patronatsglocke)	c' + 5	ca. 3.000 kg	166,5 cm	1617	Nord	
3	**Bennoglocke** (Stadtglocke)	d' + 8	ca. 2.100 kg	147,5 cm	1617	Süd	
4	**Winklerin** (Pfarrglocke)	es' „+ 16"	ca. 2.000 kg	142 cm	1451	Nord	stammt noch aus der alten Marienbasilika
5	**Praesenz(erin)** (Kapitelsglocke)	e' + 9	ca. 1.600 kg	132 cm	1492	Süd	
6	**Cantabona** (Taufglocke)	g' + 12	870 kg	108 cm	2003	Süd	
7	**Frühmesserin** „Fruehe Meeßerin" (heute Totenglocke)	a' + 12	ca. 800 kg	105 cm	1442	Süd	stammt noch aus der alten Marienbasilika
8	**Speciosa** (Europa- und Ökumeneglocke)	h' + 10	540 kg	89 cm	2003	Süd	
9	**Michaelglocke** (Versöhnungsglocke)	c'' + 12	440 kg	84 cm	2003	Süd	
10	**Klingl** „Chor-" oder „Herr[e]nglöggl"	es'' + 14	ca. 350 kg	74 cm	14. Jh.	Süd	stammt noch aus der alten Marienbasilika

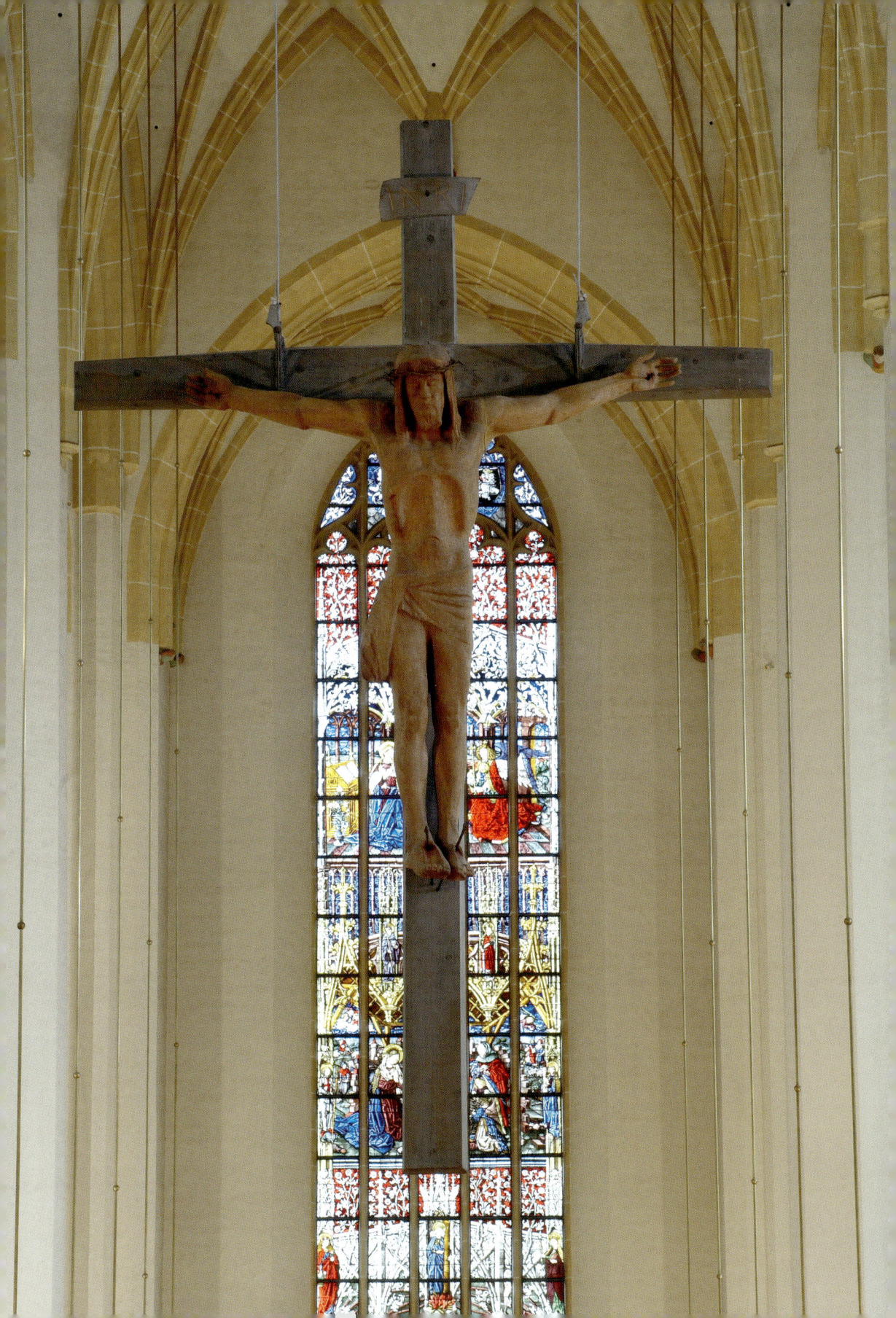

Kurze Geschichte der Frauenkirche

Um 1240
Bau einer spätromanischen Marienkirche mit drei Schiffen und zwei Westtürmen.

24. November 1271
Gründung der Frauenpfarrei durch Bischof Konrad II. von Freising; Erhebung der Marienkirche zur Pfarrkirche der nördlichen Stadthälfte neben St. Peter.

1323
Hochgrab der Königin Beatrix wird gestiftet. Die Herzöge von Bayern haben in der Frauenkirche ihre Grablege.

1347
Beisetzung Kaiser Ludwigs des Bayern neben seiner Gemahlin.

1434–1437
Hochaltar von Gabriel Angler.

9. Februar 1468
Grundsteinlegung zum spätgotischen Neubau durch Herzog Sigmund. Bauträger ist die Münchener Bürgerschaft. Baumeister ist Jörg von Halspach (seit März 1468 Stadtbaumeister).

1477/78
Errichtung des Dachstuhls durch Heinrich von Straubing

1480/1481/1482
Päpstlicher Ablass und Wallfahrt.

1488
Bau der Frauenkirche vollendet; Türme bis auf die Abschlüsse fertig gestellt.
Am Montag nach dem St. Michaelstag, 6. Oktober: Tod Jörg von Halspach; Nachfolger Lukas Rottaler

1492
Erhebung zur Stiftskirche; Bulle von Papst Innozenz VIII. vom 11. April 1492: Aufhebung der Kollegiatstifte Ilmmünster und Schliersee und Verlegung an die Münchener Frauenkirche. Das Kollegiatstift Zu Unserer Lieben Frau wird eingerichtet.

14. April 1494
Weihe der spätgotischen Frauenkirche. Sie bleibt weiterhin Grabeskirche der Wittelsbacher.

1524/25
Aufbringung der Turmhauben.

1580
Übertragung der Reliquien des hl. Benno in die Frauenkirche (seit 1576 in der Münchener Neuen Veste).

1601 (–1622)
Beginn der Neuausstattung durch Herzog Maximilian I.: Barockisierung. Das Innere wird neu ausgemalt, im Geist der Katholischen Reform und im Stil des Frühbarock.

1604
Erhebung des hl. Benno zum Stadt- und Landespatron. Anbau der Bennosakristei. Bennobogen wird als Triumphbogen von Peter Candid und Hans Krumpper vor dem Chor errichtet.

1620
Hochaltar mit Altarbild Mariä Himmelfahrt von Peter Candid.

1622
Wittelsbacher-Kenotaph, Bronzebildwerke von Hans Krumpper,

Fahnenträger (entstanden 1595)
von Hubert Gerhard im Chor
aufgestellt.

17./18. Jahrhundert
Aufstellung barocker Seitenaltäre
anstelle der gotischen.

1772–1779
Restaurierung im Übergangsstil
von Rokoko zum Klassizismus.

1803
Aufhebung des Kollegiatstiftes.
Die Pfarrei zu U.L.Frau bleibt
bestehen.

5. November 1821
Erzbischof Lothar Anselm von
Gebsattel hält Einzug in die
Frauenkirche, die zur Domkirche
des aufgrund des Konkordats von
1817/1821 neu eingerichteten
Erzbistums München und Freising
wird.

1858–1868
Neugotische Restaurierung der
Frauenkirche, im Geist der
Romantik. Entfernung des Benno-
bogens.

1943–1945
Schwerste Kriegszerstörungen
durch Fliegerbomben: Verlust des
Daches, Einsturz der Gewölbe,
eines Teils der Pfeiler und Mauern.
Hochaltar und Chorgestühl
verbrennen. Verlust der neugotischen Ausstattung.

1946–1952
Wiederaufbau durch Dombaumeister Theodor Brannekämper
und Georg Berlinger.

1953–1957
Innengestaltung und Wieder-
einrichtung.

1971–1972
Neueinrichtung des Chorraumes.
Absenkung des Chors.

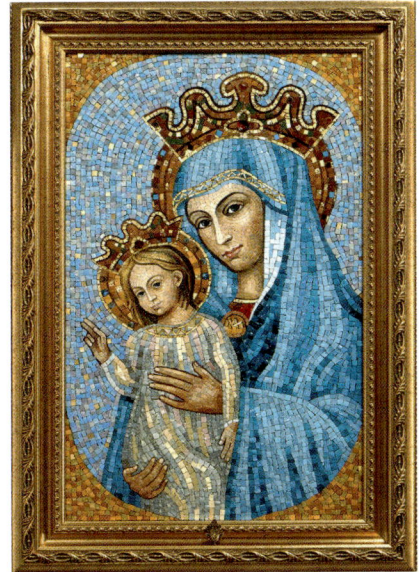

1980
Neuausmalung des Doms.
19. November: Papst Johannes
Paul II. besucht den Münchener
Dom.

1990–1994
Restaurierung und Neuausstattung
der Frauenkirche.

3. Oktober 1993
Weihe des neuen Altars.

10.–17. April 1994
Festwoche: 500 Jahre Weihe der
Frauenkirche unter dem Motto
„Glaube prägt". Aus dem Diö-
zesanmuseum in Freising und
anderen Verwahrorten und Werk-
stätten kehren die gotischen
Figuren des Chorgestühls von
Erasmus Grasser, die barocken
Seitenaltarbilder und viele andere
Kunstwerke in den Dom zurück

10. September 2006
Papst Benedikt XVI., von 1977 bis
1982 Erzbischof von München
und Freising feiert im Rahmen
seines Pastoralbesuches in Bayern
im Dom eine Vesper mit Familien,
Schülern etc.

Literatur

Anton Mayer, Die Domkirche zu U. L. Frau in München, München 1868. – Leo Söhner, Die Musik im Münchener Dom Unserer Lieben Frau in Vergangenheit und Gegenwart, München 1934. – Norbert Lieb/Heinz Jürgen Sauermost, Münchner Kirchen, München 1973. – Sigmund Benker/Peter Steiner, Bildwerke der Münchner Frauenkirche, Diözesanmuseum Freising, Schnell Kunstführer Nr. 1088, München 1976. – Peter Pfister/Hans Ramisch, Die Frauenkirche in München, München 1983. (mit einem ausführlichen Literaturverzeichnis S. 259–262). – Christl Karnehm, Die Münchner Frauenkirche, Erstausstattung und barocke Umgestaltung (Miscellanea Bavarica Monacensia 113), München 1984. – Karl Abenthum/Hans Hillreiner, Der Münchner Liebfrauendom nach seiner Wiederherstellung, München ⁹1984. – Hans Ramisch, Der Dom zu Unserer Lieben Frau in München, München 1985, Schnell- und-Steiner-Kunstführer Nr. 500. – Messerschmitt-Stiftung (Hrsg.), Die Epitaphien an der Frauenkirche zu München, München 1986. – Peter Pfister/Hans Ramisch, Der Dom zu Unserer Lieben Frau in München, München 1987, ⁴1994. – Lothar Altmann / Hans Ramisch (Hrsg.), Kirchen am Lebensweg, Festgabe zum 60. Geburtstag und 20. Bischofsjubiläum für S. Em. Friedrich Kardinal Wetter. In: Jahrbuch des Vereins für christliche Kunst in München XVII, München 1988 (mit Beiträgen zur Münchener Frauenkirche von Hans Ramisch, Peter B. Steiner, Sigmund Benker und Rosa Micus). – Hans Ramisch/Peter B. Steiner (Red.), Die Münchner Frauenkirche. Restaurierung und Rückkehr ihrer Bildwerke zum 500. Jahrestag der Weihe am 14. April 1994 (Diözesanmuseum für Christliche Kunst des Erzbistums München und Freising. Kataloge und Schriften 10), München 1993. – Peter Pfister, Leben aus dem Glauben. Das Erzbistum München und Freising. Heft 6: Die Kathedralen in München und Freising, Straßburg 1993. Georg Schwaiger/Hans Ramisch (Hrsg.), Monachium Sacrum. Festschrift zur 500-Jahr-Feier der Metropolitankirche Zu Unserer Lieben Frau in München, 2 Bde., München 1994. – Fischer, Hermann / Wohnhaas, Theodor, Zur Orgelgeschichte der Frauenkirche in München, in: Das Orgelwerk im Münchner Dom Zu Unserer Lieben Frau, München 1994, S. 4–17. – Elmar Gruber, Haus Gottes – Haus der Menschen. Meditationen zum Münchener Liebfrauendom, München 1995. – Peter Pfister, Der Dom Zu Unserer Lieben Frau in München, Straßburg 1996. – Hans Ramisch (Hrsg.), Das Grabmal Kaiser Ludwigs des Bayern in der Münchner Frauenkirche, Regensburg 1997. – Susanne Fischer/ Cornelia Andrea Harrer, Die Glasfenster der Münchener Frauenkirche, Regensburg 1998. – Sylvia Hahn/Peter B. Steiner (Red.), Münchener Gotik in Freising (Diözesanmuseum für christliche Kunst des Erzbistums München und Freising, Kataloge und Schriften 21), Regensburg 1999. – Karl-Ludwig Nies, Die Glocken des Münchner Frauendoms, München 2004. – Roland Götz/Peter Pfister, Der heilige Benno, Straßburg 2006. – Metropolitankirchenstiftung München (Hrsg.), Läuteordnung für den Münchner Dom, erstellt von Karl-Ludwig Nies, München 2008.

Siehe auch www.muenchner-dom.de

Verzeichnis der Mitarbeiter an diesem Band

Norbert Jocher
    Dr. phil., Ordinariatsrat, Kunstreferent der Erzdiözese München und Freising, München.
Susanne Kaup
    Lic. theol., MA, München.
Hans Leitner
    Domvikar, Domorganist, München.
Karl-Ludwig Nies
    Domkapellmeister, München.

Peter Pfister
    Dr. theol. Diakon, Direktor des Archivs und der Diözesanbibliothek des Erzbistums München und Freising, München.
Hans Ramisch
    Dr. phil., Ordinariatsrat i.R., Kunstreferent der Erzdiözese München und Freising i.R., München.

Seite 93:
Presbyterium
Bischofskathedra
mit Ignaz Günther-
Reliefs dahinter

92

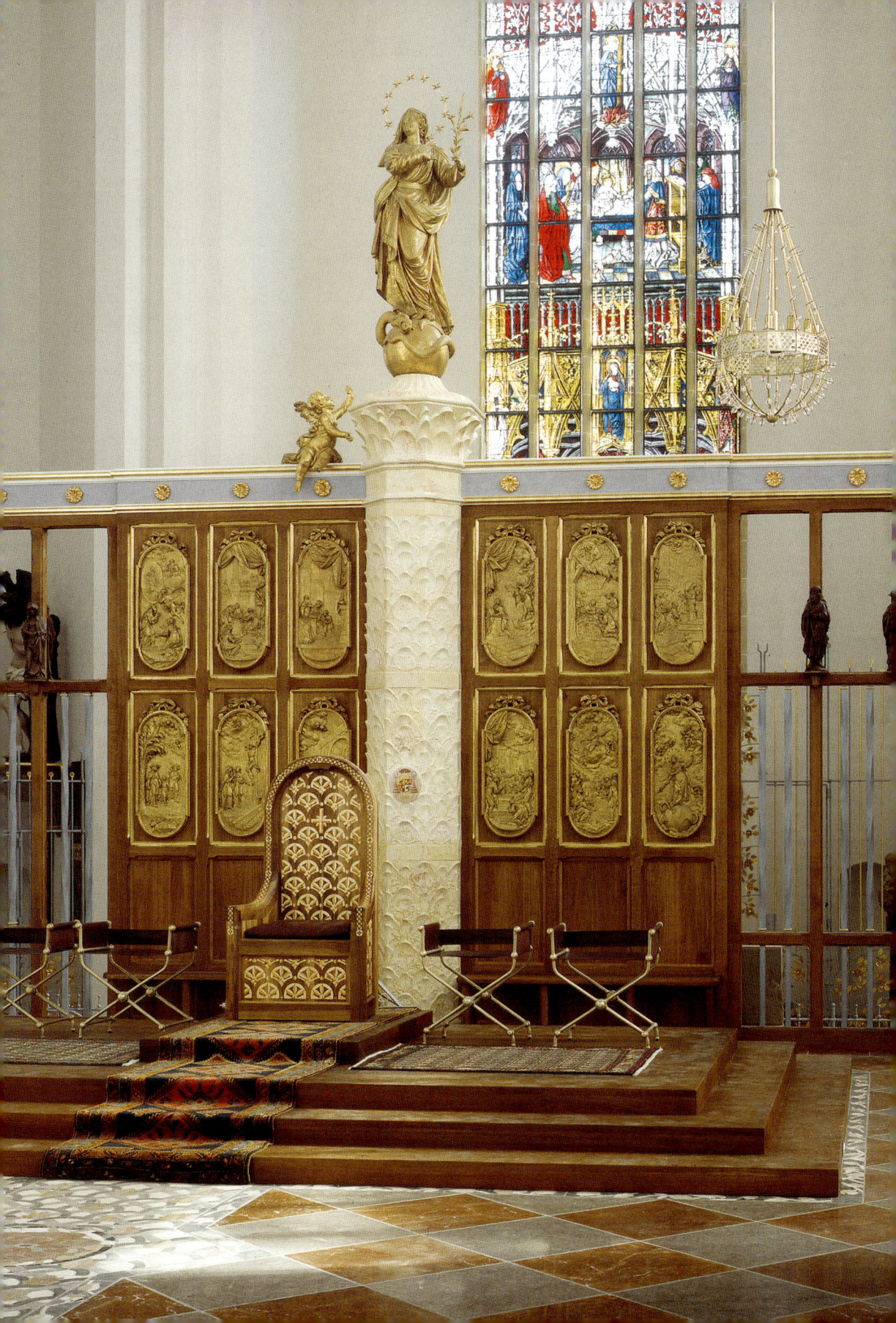

Susanne Kaup

Ortsverzeichnis

94

Personenverzeichnis

Die in den Listen der Dompfarrer (S. 17) und der Domorganisten (S. 73) aufgeführten Personen sowie die Namen der Patrone von Altären oder Kapellen und der durch Kunstwerke geehrten Heiligen wurden nur in Auswahl aufgenommen.